Aj Dirtystein

Célébrer son féminin

Rituels créatifs et explorations intérieures

La Musardine

UN OUVRAGE SOUS LA DIRECTION DE MICHÈLE LARUE.

ajdirtystein.com - Instagram @aj_dirtystein
Illustrations de couverture et intérieures : kinder-k
Conception graphique de la couverture : Monique Plessis
Mise en pages et corrections : Emmanuelle Vigneault

ISBN : 978-2-36490-558-0
La Musardine
122, rue du Chemin-Vert – 75011 Paris
www.lamusardine.com

AJ DIRTYSTEIN

Illustrations de Kinder-K

CÉLÉBRER SON FÉMININ

Rituels créatifs et explorations intérieures

La Musardine

Note aux lectrices

Mon regard est celui d'une artiste performeuse, qui créait sa médecine particulière : celle de la symbolique et de la poésie comme voie thérapeutique. Je ne suis ni sage-femme, ni gynécologue et de ce fait, je vous invite, en cas de maladie, à consulter un.e professionnel.le de la santé. L'art-thérapie est une voie qui accompagne, prévient et complète la médecine conventionnelle, indispensable pour certaines femmes.

Dans cet ouvrage, le féminin l'emporte même si tout au long de l'ouvrage, l'écriture inclusive reste la ligne directive. Je suis consciente que beaucoup de personnes ont une physiologie féminine mais ne se considèrent pas comme « femme » et ne souhaitent pas être genrées au féminin. Si le féminin l'emporte ici, c'est d'une part pour alléger le texte mais aussi pour rendre sa place au féminin, masculinisé jusque dans l'orthographe depuis notre enfance.

Sommaire

INTRODUCTION

Mon corps me parle. Il m'a toujours parlé et je pense l'avoir toujours écouté. Je ne dis pas que je l'ai forcément suivi. Je ne dis pas que je l'ai toujours pris au sérieux… Mais je sais que chaque fois que j'ai ignoré ses guidances, j'ai eu mal.

J'ai eu la chance de grandir avec l'idée que mon corps n'était pas un problème à régler, à cacher, à camoufler. Le quotidien de ma grand-mère était rythmé par le sang des femmes, en raison de son métier de sage-femme à domicile en Algérie. C'est elle qui a suivi les cinq grossesses de sa propre fille – ma mère –, une Chrétienne mystique qui aurait pu faire carrière dans l'herboristerie façon Hildegarde de Bingen. Entre ces femmes, j'ai grandi avec mes sœurs, loin des médicaments, des hormones et de la peur de tomber enceinte puisque nos corps respectifs n'étaient pas un ennemi mais bien un repère à écouter pour se connaître.

Bien que les générations qui nous séparent ne nous permettent pas d'avoir vécu les mêmes expériences corporelles, je sais que ma confiance en mon propre corps, je l'ai reçue de leurs enseignements spirituels, à l'opposé de la morale traditionnelle. En effet, ce sont les croyances de ma mère, basées sur l'amour et le respect de sa propre physiologie, qui m'ont fait comprendre que plus nos corps ont de la place pour s'exprimer et être ce qu'ils sont, plus la confiance s'installe dans nos cellules, dans nos tissus, nos hormones, et se transmet autour de nous... Et cela commence par le regard que nous avons sur nous-même, par la place que nous nous accordons au quotidien.

Ce manuel est le fruit d'un vécu incarné : celui d'une femme née dans un corps de fille, au sein d'une culture qui nous renvoie sans cesse l'idée que sans médicaments, sans contraception, sans hormones, sans péridurale ou sans protections hygiéniques, nous ne sommes pas libres. Pourtant, ma propre expérience m'a prouvé le contraire depuis longtemps.
En ces pages, j'ai rassemblé les pratiques que j'ai pu vivre dans mon corps, et d'autres que j'ai créées pour accompagner d'autres femmes et garçons transgenres, dans mon métier d'artiste thérapeute psychocorporelle.
Chaque rituel, exercice ou application proposé, je l'ai expérimenté dans ma chair, à travers ma propre sensibilité : s'examiner seule, vivre au rythme de ses cycles, ne pas mettre de protection hygiénique et évacuer son sang aux toilettes, gérer sa fertilité, se servir de son énergie sexuelle pour se soigner ou encore éjaculer pendant l'orgasme puis – plus récemment pour moi – accoucher dans l'extase et surtout dans l'intimité du foyer...
Autant de pratiques qui peuvent sembler étranges, marginales, voire taboues à certaines mais qui sont un mode de vie essentiel pour d'autres.

À l'heure où les limites ont été atteintes en termes de médicalisation, de violences obstétriques, de vaccination, d'abus d'hormones dans nos corps, notre eau et celle de notre planète, à l'heure où nous portons des masques – et ce même en maternité, pendant les accouchements – et où nous nous badigeonnons de produits cancérogènes et de perturbateurs endocriniens plutôt que d'écouter notre propre immunité, il me semble important de rappeler que nos corps sont instinctifs et qu'ils « savent ».
Vivre dans son corps et sans apport intrusif me semble vital pour notre autonomie et notre écologie. Je dirais même que le corps sait se soigner seul quand il va mal. Il n'a besoin de rien d'autre que d'une considération méritée après plusieurs siècles de dénigrement et d'infantilisation. Mais pour ce faire, nous devons oublier l'idée qu'il est séparé de notre être : nous devons lui faire confiance, donc avoir foi en nos choix. C'est aussi un apprentissage de soi, tant sur le plan émotionnel, généalogique que physiologique. Plus nous savons qui nous sommes, et plus nous prenons notre place en nous, et donc en ce monde. Plus nous intégrerons l'idée que nous savons faire, que nous sommes intelligentes, créatives et spirituelles, plus nous laisserons notre corps s'exprimer, loin des conditionnements culturels. Ce corps fait partie de nous et porte les informations de notre histoire, personnelle et collective, dans ses cellules et dans ses fluides. À nous d'intégrer ce savoir à notre expérience, dans notre présent, pour sortir de la culpabilité de vivre et d'être soi-même.

Nous explorerons la physiologie féminine en descendant directement dans nos ventres. En visualisant et en nommant les différents muscles, nerfs et organes, nous pourrons mieux les expérimenter, nous connecter à eux et nous ancrer. Nous irons explorer le monde des cycles, des hormones et des

mémoires de notre corps, pour nous rapprocher de nous-même et de notre histoire. Le dernier chapitre abordera la puissance sexuelle de l'accouchement dans l'écologie de soi et de son intimité.
Chaque exploration s'accompagne d'exercices créatifs, de rituels simples, et de soins à connaître pour se connecter en conscience avec sa propre expérience personnelle et à diffuser autour de soi.

Les corps féminins sont tous différents et aucun ne se ressemble, mais ils sont toujours intelligents, porteurs de créativité et profondément spirituels, quoi que notre culture en dise. Enfin, ils ne s'expriment jamais pour nous poser problème mais bien pour nous renvoyer le déséquilibre ou la coupure que nous entretenons avec eux.

Ce manuel a pour volonté de vous guider pour vous voir entièrement, les yeux grands ouverts, sans tabous ni jugements, et pour vous accepter en tant qu'humaine : avec toute la beauté, l'humilité et les magnifiques imperfections que cela implique.

QU'EST-CE QUE LE FÉMININ ?

Le Féminin est une notion à la fois simple et complexe. Il s'agit d'un héritage qui nous constitue en tant qu'être humain, que nous soyons femme ou homme. Le féminin, comme le masculin, possède de nombreux niveaux de lecture, allant du biologique au social en passant par l'énergétique, et ces notions s'entremêlent et se répondent. Cette circulation permanente d'un niveau à l'autre rend le féminin, comme le masculin, impossible à enfermer dans une case. Loin d'être binaires, ces deux notions se complètent et se nourrissent mutuellement, comme toutes les polarités de ce monde. Ce sont des miroirs l'une pour l'autre et elles nous apprennent beaucoup sur notre corps, nos émotions, notre environnement social et notre univers tout entier. Elles sont également à l'origine de notre conception du couple et de l'amour, et ce quelles que soient notre orientation ou notre identité de genre.

Sexe, genre & principe féminins

LE SEXE

Nous parlons de « sexe » féminin ou masculin pour définir l'appareillage biologique de la personne qui naît. Que le sexe de l'enfant soit révélé ou pas grâce à l'échographie du quatrième mois, le connaître reste une demande courante de la part des parents, bien que certains ne souhaitent le découvrir que le jour de l'accouchement.

Le sexe féminin comprend l'extérieur, mais aussi l'intérieur du corps. Il n'est pas toujours bien connu et visualisé, y compris par les femmes elles-mêmes, simplement parce que la médecine occidentale a toujours pris le corps masculin – pourtant moins complexe – comme modèle de référence. Ainsi a-t-il été invisibilisé par l'éducation, créant une coupure dans l'apprentissage de l'autonomie sexuelle des femmes, et surtout entraînant beaucoup de méconnaissances des soins liés à certaines maladies gynécologiques et de la physiologie de l'accouchement.

Depuis les mouvements de libération des femmes dans les années 1970, le corps féminin s'est affranchi de certains carcans induits par l'Église et la médecine, et on a pu avoir accès à la contraception, à l'avortement, ou au divorce. La reconnaissance pénale des agressions sexuelles et du viol en tant que crimes a enfin vu le jour.

LE GENRE

Le genre, lui, se caractérise en fonction d'une expression de soi dans la vie sociale. Un genre féminin n'aura rien à voir avec le sexe féminin, mais définira l'expression du féminin à travers une allure, une conduite et une posture. Il s'agit d'une construction éducative et sociale et non d'un aspect biologique. Célèbre théoricienne du genre, Judith Butler parle de « performance de genre », c'est-à-dire d'un féminin ou d'un masculin construit en fonction d'une culture, d'une éducation et d'une personnalité. Ainsi le genre peut totalement se différencier du sexe biologique comme être en accord avec lui. Il est possible de naître avec un appareillage biologique d'homme tout en ayant un genre féminin, ou l'inverse. Jouer avec son genre, comme le font les drag-queens ou les drag-kings, est une réponse artistique et politique à l'éducation. Mais dans bien des cas, ne pas naître avec la biologie attribuée à son genre est une souffrance et un véritable combat dans une société qui définit les individus par leur sexe. Le mouvement Queer, qui a émergé dans les années 1980 aux États-Unis, a permis de libérer la parole et la perception du genre, parqué jusqu'ici dans la biologie « mâle » ou « femelle » et emprisonné dans une orientation hétérosexuelle.

LE PRINCIPE

Enfin, notion plus ancienne, l'énergie féminine – ou principe féminin – concerne toute personne, peu importe son sexe ou son genre. Cette notion fait écho aux recherches philosophiques et ésotériques héritées de l'Antiquité mais il s'agit d'un concept plus ancien encore, présent dans toutes les traditions culturelles. Le principe féminin renseigne sur notre capacité à être réceptif .ive et, de ce fait, à recevoir la vie en nous : voir les signes, vivre les expériences, ressentir les émotions, afin de nous connecter avec notre intériorité propre et notre intuition primordiale. C'est une vibration qui existe chez tous les vivants et qui invite les humains à voir à l'intérieur d'eux-mêmes. C'est une énergie de sagesse et de connaissance de soi, qui peut ne pas être comprise à sa juste valeur dans notre monde occidental où l'action, l'extériorisation et le travail prédominent à travers des valeurs masculines et patriarcales.

La tradition juive parle de « Isha », אישה en hébreu, et considère que chacun possède cette part qu'il faut aller conquérir à l'intérieur de soi-même. De cette idée est née la mythologie d'Adam et Ève. Adam, le souffle divin, principe masculin et non homme incarné, doit retrouver son autre côté – et non sa « côte » –, Ève, principe féminin, afin de se réaliser, de « s'accoucher » dans une parfaite connaissance de soi et du monde[1]. Dans l'enseignement kabbalistique, le corps féminin est négatif parce que réceptif, mais le corps éthérique, plus subtil, est, lui, positif, ce qui le rend plus sensible aux messages que lui envoient l'environnement, le cosmos et donc le divin.

La tradition chrétienne orthodoxe donne à ce principe féminin le nom de « sophia » qui signifie « connaissance ». En effet, le principe masculin serait la partie consciente et extérieure, là où le principe féminin viendrait apporter la connaissance profonde et spirituelle du monde. L'humain est donc appelé à faire se rencontrer son aspect extérieur (masculin) et intérieur (féminin) pour assumer sa maternité et se réaliser. Dans notre culture, ce féminin est rattaché à une puissance « passive », parce que réceptive, mais la réceptivité est un mode d'action, certes

1. Annick de Souzenelle, *Le Féminin de l'Être, pour en finir avec la côte d'Adam*, Albin Michel, 1997.

différent de l'extériorisation, mais bel et bien en mouvement puisqu'il est attractif.
Dans la tradition indienne, le principe féminin porte le nom de « Shakti », la puissance féminine créatrice et active.
Dans la tradition chinoise taoïste elle est définie par le yin qui signifie « le versant ombragé de la montagne » et se rattache à des sensations telles que l'eau, le froid, la lenteur et l'intériorisation. Elle est complémentaire du yang, le « versant ensoleillé » qui représente la chaleur, le feu, l'action et l'extériorisation. Ces deux vibrations intérieures s'imbriquent en polarités indissociables l'une de l'autre. Dans le tarot de Marseille, nous pouvons les retrouver, entre autres, dans les arcanes XVIII et XVIIII : La Lune et Le Soleil[1]. Dans toutes les traditions, ces deux principes sont indivisibles et permettent, par leur équilibre et leur transformation constante, une canalisation de force en conscience et une profonde sérénité. Tout le monde possède ces deux énergies, mais il faut le fruit d'une vie pour les comprendre et les accepter en toute harmonie. Une fois intégrées, elles permettent de vivre dans un équilibre propice à une réconciliation entre soi et le monde.

---

1. Hélène Huc & AJ Dirtystein, *Le Tarot de l'Unité, une voie alchimique vers la réconciliation du Masculin et du Féminin*, Tana Éditions, 2020.

Femmes, féminités, féminismes & Féminin sacré

FEMMES

Être femme ne signifie pas être féminine, être féminine n'est pas forcément être féministe, enfin être féministe n'est pas non plus réservé aux femmes… Mais alors que signifie « être femme » ? C'est à chacun et chacune de définir le féminin, pour soi. Le féminin que je verrais chez l'autre et ma capacité à le jauger, le juger et le compartimenter ne serait que le reflet de mon propre féminin intérieur. Pour certaines, être femme signifie être mère, pour d'autres c'est être libre sexuellement, pour d'autres accomplie spirituellement ou professionnellement… Pour d'autres encore, qui ont vécu opérations, ablations, mutilations ou pour celles qui sont nées dans un corps masculin, « être femme » peut devenir un combat de tous les jours.
C'est aussi une définition personnelle que nous portons en notre nom, sans limiter la puissance des féminins (sexe, genre, principe) à un stéréotype. Ce n'est pas parce que nous naissons avec un corps de femme que nous en sommes une. « On ne naît pas femme, on le devient » écrivait Simone de Beauvoir en 1949 dans *Le Deuxième Sexe*. Notre construction sociale a beaucoup d'impact sur notre vie, et pour apprendre à se connaître il est important de s'écouter en démêlant les attentes personnelles,

familiales, sociales et culturelles qui nous accompagnent tout au long de notre vie. La nature individuelle d'un être humain est unique, mais les émotions qui le composent, bien qu'elles soient propres à son expérience, sont communes à tous les êtres humains.

FÉMINITÉS

La féminité de l'être est innée : nous venons toutes et tous d'un corps féminin. Mais dans bon nombre de cultures, l'homme se doit de s'en défaire pour « devenir » homme culturellement. C'est cette volonté de séparation qui induit une fracture entre féminité et masculinité dans ces cultures, voire une guerre des sexes. La féminité en Occident est codée par de nombreuses injonctions, souvent projetées sur la personne avant même qu'elle naisse : la douceur, la gentillesse, la finesse, le rose, ou l'épilation dès la puberté… Autant d'arguments publicitaires pour vendre des produits inutiles. Dans de nombreuses cultures, la féminité est considérée comme inférieure et doit être supprimée si elle se fait voir ou ressentir chez un homme, ou si elle est trop présente ou absente chez une femme. Ces codes de genre servent à « normer » et affectent hommes et femmes à des rôles différents. La féminité comme la masculinité sont devenues des expressions de l'être marqué par des blessures collectives, que certaines revendiquent par besoin de reconnaissance et de libération : les questions liées à la féminité sont viscérales, faites d'histoires de femmes, d'homosexuels et de personnes transgenres, construites dans l'ombre de l'histoire enseignée à l'école.

FÉMINISMES

Avortements et grossesses à risque, précarité, violences conjugales ou sexuelles, professions sous-payées ou salaires moindres... De nombreuses raisons poussent les femmes à s'indigner et à se poser des questions sur leur sexe, leur identité de genre, et leur place dans cette société. Souvent renvoyées à leur « fonction » de procréatrices, les femmes ont su s'affirmer et faire entendre leurs droits pour faire évoluer les mentalités et ne plus avoir à subir des injustices quotidiennes. Le féminisme est à l'origine d'avancées sociales, il est aussi le reflet d'une sororité.

Aujourd'hui, le féminisme a mauvaise presse : il est synonyme de rébellion, mais aussi de colère. Dans notre société patriarcale, la femme a dû se battre pour être reconnue en tant qu'être humain. Même si certains droits semblent acquis et pérennes – le droit d'avoir un compte en banque, de voter, de conduire ou de divorcer – les femmes doivent toujours être vigilantes lorsqu'il s'agit de leur santé, de leur sexualité et de leur liberté. Le féminisme a pu ainsi traverser plusieurs vagues, jusqu'à #metoo qui a révolutionné le témoignage des victimes et mis en lumière de nombreux tabous pour faire avancer les lois et permettre l'évolution culturelle. Le point de départ, pour les militantes des années 1970, était la vision du corps et la liberté sexuelle. « Tout ce qui est personnel est politique ». En effet, jusque-là, chaque événement de la vie intime d'une femme était le résultat d'une éducation, d'un héritage religieux ou d'une loi votée par et pour des hommes.

Un célèbre slogan féministe dit : « il n'y a pas de mauvaises femmes, il n'y a que de mauvaises lois » et résume la nécessité d'entrer dans une déconstruction du système social. Il souligne aussi que les lois divisent et que les femmes ont besoin de se faire confiance pour avancer ensemble.

FÉMININ SACRÉ

Depuis quelques années nous assistons à une valorisation du féminin du côté de certains mouvements spirituels et l'expression « Féminin sacré » prend une place importante dans les courants de valeurs hérités du New Age des années 1970. Voir sa physiologie féminine comme un « temple sacré » ou sa sexualité comme « sacrée » sont des moyens d'accéder à soi, à condition de ne pas confondre « sacré » et « intouchable », dont l'étymologie découle. Est sacré ce qui est codé suivant ses propres règles personnelles, et non suivant celles d'une loi (religieuse ou sociale). Est « sacré » ce en quoi nous mettons de la conscience, de la valorisation et de l'amour. Aussi, à mon sens, la notion de « sacré » doit-elle être employée avec précaution, car elle peut véhiculer l'idée qu'une femme ne se définit que par son appareillage biologique, là où au contraire les femmes tentent de sortir de l'instrumentalisation, de la marchandisation et de l'identification à leur sexe au nom d'une sacralisation religieuse. « Se réapproprier » son corps, sa sexualité, son utérus, sa vulve ou son clitoris ne signifie pas « se définir » par ces mêmes attributs, mais se connaître soi-même et être capable de s'écouter et de s'aimer entièrement.

S'AIMER ENTIÈREMENT

Le Féminin sacré est avant tout une expérience qui permet de retrouver son pouvoir de transformation et de guérison, pour soi-même d'abord, puis dans une volonté de l'extérioriser. Aimer son corps n'est pas évident car il ne reflète pas toujours ce que nous sommes intérieurement. Il est souvent façonné par l'extérieur, pour être accepté, toléré et admis par « l'autre » : la famille, le groupe social, la culture dans laquelle nous grandissons... La sacralisation est également une voie de reconnexion à soi, par la mise en lumière et l'acceptation de nos ombres : c'est une voie intérieure.

LES CERCLES DE FEMMES

Par la verbalisation, la ritualisation et la confrontation au témoignage de l'autre – à ses blessures ou à ses désirs – les cercles de femmes permettent de donner à cette dimension, personnelle et collective, une conscience, un respect et une place car ils concernent toutes les femmes : les jeunes, les moins jeunes, les personnes trans, les ménopausées, les nullipares ou les femmes enceintes... Parler en groupe, écouter le témoignage d'une autre, pleurer et rire ensemble, sont autant d'accès à notre propre valeur humaine et féminine car lorsque nous touchons à l'intime, nous accédons à l'universalité des êtres. Les femmes ont constitué des cercles dans les cultures nomades, les villages, les communautés, et ce depuis le néolithique. Elles se sont toujours rassemblées pour les moments importants : de leurs premières règles à leurs accouchements, leurs avortements, fausses couches, ménopause, décès ou mariages. Ces rassemblements avaient pour but d'échanger, mais également de danser, de se livrer à des rituels et surtout de se retrouver : apprendre et s'enseigner mutuellement. Les cercles étaient des écoles sans hiérarchie aucune, puisque le propre du cercle est de mettre toutes les participantes en vis-à-vis, afin qu'elles partagent leurs savoirs et leurs expériences.

Des cercles, nous sommes passées aux rangs de l'école, de l'université et de l'armée, créés, eux, par la culture patriarcale. Les femmes n'ont plus eu accès aux connaissances de chacune, et la rivalité s'est installée. Les cercles de femmes d'aujourd'hui n'ont pas de filiation directe avec une culture ou une autre, mais permettent de recréer une dynamique de sororité et de savoirs partagés à travers des événements ponctuels, organisés par des femmes conscientes de ce besoin. Ces rassemblements peuvent constituer le premier pas pour retrouver confiance en sa féminité, parfois stigmatisée très jeune, voire jamais reconnue. En se réappropriant leur histoire et leurs émotions, mais aussi les représentations de leur famille, de leurs racines, certaines femmes réveillent en elles des archétypes enfouis et s'en servent pour reconstruire la confiance en leur propre corps. Ces reconnexions de l'âme au corps utilisent très souvent la voie du symbole, en tant qu'outil guérisseur. Le symbole fonctionne sur notre inconscient comme le signe le fait sur notre conscience : il nous indique le chemin à prendre si nous nous égarons en cours de route. La visualisation, le rituel, le tarot et les oracles, le chant, la danse, le tatouage spirituel… Il existe de nombreux outils de guérison profonde par la thérapie symbolique, à condition que cette pratique passe par notre chair, et pas uniquement par notre mental.

Entre Mère & Putain

Le visage d'un féminin dit « sacré » est un héritage des grandes déesses des cultures païennes. L'archétype le plus ancien reste la « Grande Déesse » : la force du monde, unité de la Nature et patronne de la régénération et du renouveau. Elle a été, au fil du temps, mise de côté au profit d'un dieu unique et masculin en Occident. Pourtant, dans les écrits, ce dieu porte la survivance de cette bisexualité psychique[1] qui s'est vue peu à peu transformée par la politique patriarcale. L'histoire s'est ainsi écrite sur un modèle masculin au sens littéral. Aujourd'hui, grâce aux travaux de l'archéologue Marija Gimbutas, nous pouvons remettre en lumière le féminin dans l'histoire[2] qui l'avait oublié. Depuis ces premières religions néolithiques où Dieu était une femme jusqu'aux monothéismes d'aujourd'hui, la représentation du féminin s'est appauvrie en représentations, mais elle résiste. Le chercheur Michel Cazenave nous rappelle que c'est bien le peuple qui a réclamé le culte marial, frustré par un manque considérable de figures féminines dans la religion catholique. Il n'y a qu'à voir l'engouement pour des villes comme Lourdes, où la grotte, métaphore sacrée du vagin, ornée du magnifique drapé de la Vierge aux bras ouverts – évoquant largement les plis

1. *El Shaddai* est aussi l'un des nombreux noms de Dieu dans la Torah. Il ne signifie pas « Dieu tout-puissant » comme la traduction l'indique, mais bien « Dieu allaitant », puisqu'il est créé à partir de la racine « shad » en hébreu, qui signifie « mamelles ».

2. Marija Gimbutas, *Le Langage de la déesse*, éditions Des femmes-Antoinette Fouque, 2006, [*The language of the Goddess*, Harper & Row, 1989].

de la vulve –, accueille ses filles et ses fils pour une renaissance dans les eaux matricielles. Beaucoup de personnes viennent à Lourdes pour renaître : retrouver la santé, la joie et l'espoir en la vie. C'est un pèlerinage qui invite à retrouver le féminin en soi par la proximité avec la Grande Vierge, symbole qui nettoie nos corps de nos mémoires douloureuses.

Autre lieu du féminin sacré en France : la Sainte Baume, où ce n'est pas la Sainte Vierge qui est apparue cette fois-ci, mais Marie-Madeleine, venue y finir sa vie. Cette figure importante des Évangiles, longtemps étiquetée comme une prostituée par l'Église, a été sacrée « apôtre » par le pape François en 2016.

Longtemps parquées entre l'image de la Vierge et de la Putain, les femmes d'aujourd'hui ressentent le besoin de pousser les murs construits par la culture en rassemblant ces deux figures, qui n'en font qu'une. L'heure de la réconciliation entre ces deux stéréotypes en un seul archétype, dans le cœur et le ventre des femmes, est enfin arrivée.

Stéréotype et archétype féminins

Dans beaucoup de traditions, tout ce qui est féminin fait partie du néant, de l'incontrôlable, des cycles de « vie-mort-vie » et le raccourci entre « femmes » et « principe féminin » est souvent emprunté. Ce ne serait pas si gênant si cette confusion ne véhiculait pas une peur du sexe et du genre féminins. Mais nous portons toutes et tous le féminin et le masculin en nous, ce sont des perceptions qui circulent en permanence. Mis en lumière par le psychanalyste Carl Gustav Jung, les archétypes sont des modèles sources, primitifs et structurels de notre manière de penser. Ils définissent nos modèles et croyances car ils sont notre base, les facettes multiples enfouies dans les couches profondes de notre être.
Pour se manifester, les archétypes ont besoin d'être représentés. Leurs images varient en fonction des cultures.

ARCHÉTYPE DE LA MÈRE

Par exemple, l'archétype de la mère est une structure mentale universelle. Elle apparaît sous les traits de la déesse Isis dans l'ancienne Égypte, de la Vierge à l'enfant en Europe, des déesses d'eau telles que Mami Wata en Afrique ou Ixchel chez les Mayas… Le point commun à toutes ces représentations est l'émotion qui est associée à l'idée source que porte la notion de « Mère ».

L'ARCHÉTYPE ET LE STÉRÉOTYPE

Il ne faut pas confondre l'archétype et le stéréotype, qui équivaut à la représentation sociale exacerbée dans la culture. Les stéréotypes sont des constructions toutes faites, ne cherchant pas à comprendre la subtilité d'une personne mais l'enfermant dans une case.

Les stéréotypes les plus présents que sont la mère et la putain, sont, à la base, issus de l'archétype du féminin. Le problème du stéréotype réside surtout dans le fait que lorsqu'il apparaît, il ne laisse place à rien d'autre, alors que l'archétype cohabite avec tout un panthéon d'autres émotions intérieures. Ainsi, les archétypes de la Mère et de la Putain s'articulent, se répondent et se mélangent, là où le stéréotype enferme «la mère» dans une fonction et «la putain» dans une autre, reléguant le féminin à des rôles réducteurs. La culture, par le cinéma, la littérature et les médias, participe à l'enfermement dans des représentations stéréotypées.

C'est à nous de déconstruire ces idées reçues et de sortir de ces croyances qui démarrent dans notre jeunesse. Pour ce faire, il s'agit de lâcher enfin le «ou» et de faire place au «et», pour accepter en nous toutes les vibrations qui se manifestent, sans les séparer : la Mère ET la Putain, la Forte ET la Faible, l'Élève ET l'Enseignante… Chaque archétype porte son envers, sa polarité inversée. Plus nous irons visiter l'opposé de ce que nous pensons être, plus nous élargirons notre vision de nous-même et du monde. Nous cloisonner dans des rôles nous empêche d'Être ce que nous sommes. Cela passe par la connaissance intellectuelle peut-être, mais il est urgent que cela descende dans nos corps, dans notre matière physique pour déprogrammer certains mécanismes, certaines mémoires, et nous aimer dans notre globalité.

LA MÉMOIRE DE NOTRE CHAIR

Finalement, lorsque nous regardons de plus près : la mère et la putain…, c'est le ventre des femmes. Un ventre capable de créer, de désirer, de donner et de prendre. Un ventre porteur d'un feu puissant, qui a toujours été objet de conquête et de contrôle dans les cultures. Ces deux figures sont donc inséparables l'une de l'autre, à nous de les réunifier pour nous affranchir de nos propres entraves. Notre corps est la manifestation incarnée de notre expérience intérieure.

Chaque pore de notre peau, chaque cellule possède une mémoire, et moins nous l'écoutons, plus elle se fait sentir. S'accepter, c'est reconnaître ses blessures et les comprendre, leur donner un sens, car elles font partie de notre chemin, de notre histoire. Plus qu'à penser le « corps » qui est une invitation à l'éloigner de notre réalité, la vie est une invitation à ressentir la « chair » et à se délecter de ce précieux élixir de vie qu'elle porte en elle.

EXPLORER SON CORPS : UN PREMIER PAS POUR L'AIMER

L'appareil génital : extérieur et intérieur

L'ANCRAGE

Au fil de mes rencontres, ateliers et consultations, j'ai constaté que l'ancrage était souvent mal compris. Beaucoup d'entre nous font l'amalgame avec le fait d'avoir un chez-soi, une famille, d'être en couple, d'être proche de la Nature, ou encore d'avoir un métier sécurisant. Il n'en est rien : l'ancrage est dans la chair. C'est savoir nous écouter quand nous avons faim ou soif, quand nous sommes en colère, quand nous avons peur ou quand nous sommes en joie. Parce que lorsque nous ressentons une émotion, notre matière réagit. Une peur peut se manifester par des « mots » de ventre, une joie par l'épiderme qui frissonne, l'angoisse par une sensation de vertige… Une douleur physique peut expliquer une émotion refoulée. Ainsi, nous pouvons être sur la route, n'importe où dans le monde,

avoir plusieurs partenaires ou changer de métier à notre guise : si nous sommes ancrée, nous avons un atout invincible. L'ancrage, c'est écouter ses instincts. Sortir de l'intellect pour habiter sa propre incarnation. Aussi, ce n'est pas parce que les femmes ne connaissent pas forcément leur corps, leur anatomie, dessiner un clitoris ou un périnée que cela signifie qu'elles ne savent pas s'en servir et se connecter à elles-mêmes. Il y a une injonction à notre époque à connaître, intellectualiser, étiqueter. C'est important, mais il est plus important à mon sens d'incarner les choses : c'est le vrai sens du « savoir ».
Bien sûr, plonger dans notre anatomie, dans la puissance des mots, des images du corps est une forme de reconnaissance de ce corps longtemps invisibilisé. Mais n'oublions pas que nous « savons », parce que nous ressentons et nous vivons. L'intelligence est avant tout celle de la vie, du cœur et du ventre, avant d'être celle de l'intellect.

Le corps est un livre qui nous offre toute la connaissance de nous-même et nous conte notre propre histoire physiologique, énergétique et émotionnelle. À nous d'écouter et de traduire ses paroles.

Le périnée : le plancher des émotions

Pour commencer le voyage dans ce corps féminin, nous commencerons par la base. Elle est également nommée « la terre » de notre corps, la fondation de notre maison ou encore le plancher : c'est notre périnée. Il est le centre du corps humain et, que nous soyons femme ou homme, le périnée est ce plancher musculaire qui nous connecte à notre terre intérieure. Être ancrée, c'est aussi ressentir et entretenir un lien avec cette zone.

Du grec « perineos » étymologiquement composé de « peri » qui signifie « autour » et de « neos » pouvant qualifier « l'intérieur » comme le « temple », le terme de périnée signifie donc « autour du temple ». Le périnée est un groupe de muscles entrecroisés qui ferment le bassin et retiennent nos viscères, c'est le passage des voies urinaires, génitales et digestives. Il accompagne la continence anale et urinaire. Il est présent également dans l'acte sexuel, l'orgasme, la grossesse et l'enfantement.

De profil, c'est une coupe qui va du pubis au rectum. De face, il ferme complètement notre bassin.

Le périnée est structuré par quatre points allant de l'avant à l'arrière et de gauche à droite :

- La symphyse pubienne est le ligament qui relie les os du bassin à l'avant ;
- Le coccyx est l'os de l'arrière ;
- Les ischions, à gauche et à droite, sont les repères latéraux.

La structure du périnée est prise dans un ensemble qui compte également les ligaments et les fascias, mais aussi d'autres éléments interconnectés à son mécanisme, comme le nerf vulvaire et le nerf pelvien, eux-mêmes interconnectés avec le clitoris et la prostate féminine.

Les ligaments

Ils portent les organes tels que la vessie, l'utérus et le rectum. Ils fonctionnent avec le périnée : si leur élasticité se détend, l'organe concerné va venir se poser sur les muscles du périnée, ce qui peut gêner l'ensemble du bas-ventre et peser, notamment dans le cas d'une descente d'organe.

Les fascias

Les fascias sont des tissus dits « conjonctifs » qui nous permettent de percevoir notre corps et de nous mouvoir sans réfléchir. Ils contiennent une mémoire affective et canalisent tout ce que nous vivons, de notre naissance à notre mort. Ces tissus mous du corps relient tous les muscles entre eux et permettent le maintien du squelette. Le périnée est au milieu de ce jeu de tensions et de pressions équilibrées entre les os et les muscles. Si nos fascias sont entretenus régulièrement, ils ont moins de risques de dégénérer. La clef est le mouvement – la danse, la marche ou la nage, le sport et les étirements. Le tai-chi ou le yoga sont d'excellents moyens de conscientiser nos mouvements et de relier l'esprit au corps, de la même façon que les fascias relient le squelette aux muscles.

· MUSCLES DU PÉRINÉE ·

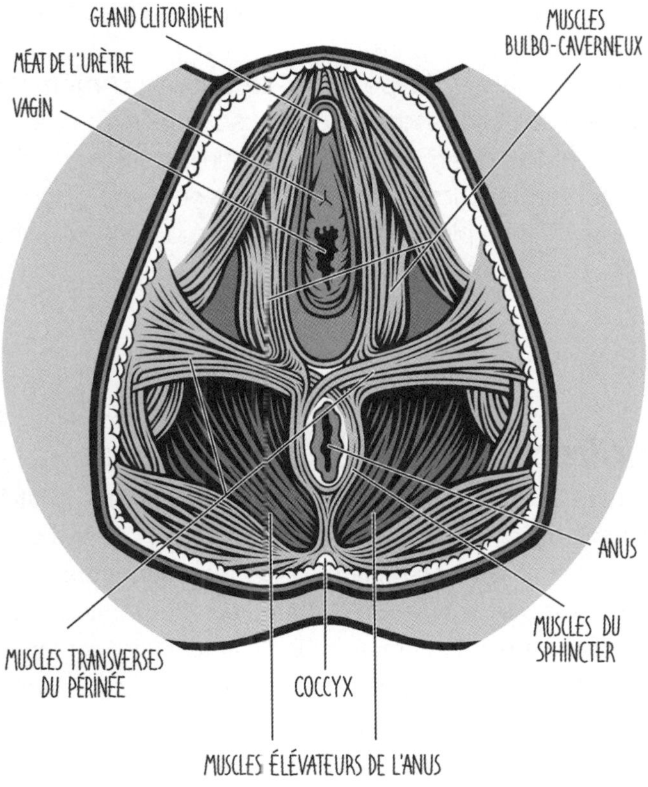

Le cœur

Le périnée est lié à notre cœur, qui lui aussi est entouré de fascias lui permettant de battre et de s'exprimer au diapason de nos émotions. Plus notre cœur est dans la douceur et l'empathie, plus notre périnée retrouve son soutien physiologique. La tristesse peut être une émotion qui enserre le cœur, et donc alourdit le périnée. Pour libérer nos organes de la tristesse, il suffit de la laisser s'exprimer.

Pratiquer la danse, la peinture, le chant ou même, plus communément, se laisser émouvoir jusqu'aux larmes face à un film, peuvent être des moyens d'évacuer la tristesse refoulée. Les larmes qui montent nous délivrent et nous nettoient. Simplement accueillir ce flot de pleurs, peu importe le moment, peu importe avec qui nous sommes.

GOÛTONS LE SEL DE NOS LARMES

J'invite les femmes et les hommes qui pleurent à goûter leurs larmes. C'est un petit rituel qui permet de savourer pleinement sa tristesse, non pas pour se morfondre, mais pour la rendre sacrée. En goûtant l'eau des larmes, nous recevons une information, celle de la mémoire contenue dans l'eau, afin de marquer ce moment par un geste simple, mais qui touche à l'inconscient.

LA NATURE ÉMOTIONNELLE DU PÉRINÉE

Le périnée change au cours des cycles et de notre vie. C'est une zone qui devient plus souple à certains moments de notre existence et en fonction de ce que nous traversons. Le meilleur moyen de l'entretenir est de l'insérer dans notre globalité physique, énergétique et sensitive.

Certaines femmes font de la « rééducation » périnéale et peuvent pourtant toujours se sentir limitées par des fuites urinaires, des gaz ou même par une descente d'organes à un moment de leur vie. C'est parce que le périnée les informe, par ces désagréments, qu'il est temps de prendre un moment pour soi. Un moment pour se détendre, s'écouter et accepter de demander le soutien des autres, puisqu'il est le soutien du corps. Il n'a pas à être forcément « tonique » : c'est une vision très limitée et culpabilisante pour les femmes, qui pousse à la performance. Il n'a pas à être « rééduqué » non plus : il doit être écouté, entendu, pris en compte dans les grands passages de notre vie.

La première chose est de faire confiance à notre corps : lorsque celui-ci s'exprime, c'est que nous avons quelque chose à réaliser sur nous-même. Le périnée un organe qui « soutient ». Lorsque nous observons le moment où les femmes ont un périnée plus tendre, nous nous rendons compte qu'il s'agit d'un moment où elles ont besoin de soutien, à la fois d'elles-mêmes et de leurs proches :

- pendant les règles, où nous avons peut-être besoin de plus de repos et de compréhension sans remarques désagréables et sans honte ;
- pendant une grossesse, où nous avons besoin de plus de douceur, de souplesse et de tendresse ;

• pendant l'accouchement, LE moment où une personne a besoin d'entendre qu'elle est belle, forte et puissante, pour que son périnée s'assouplisse et laisse passer le bébé ;
• après un accouchement, où le besoin primordial est de rester posée avec son bébé et de profiter de l'hormone de l'Amour ;
• après la ménopause, où le besoin d'écouter son corps et de l'aimer comme il est se fait sentir.

En dehors de ces nécessités, si le corps exprime des fuites, des malaises ou des gênes, c'est aussi qu'il demande à être entendu. C'est à nous de nous accorder du temps, du bien-être et du soutien, et de les demander autour de nous. Ce n'est pas toujours facile à mettre en place lorsque nous avons une famille, une profession, et un rythme à respecter pour maintenir un certain niveau de vie. Mais il est important de comprendre que certains problèmes physiques sont en réalité une porte d'entrée vers la solution pour arriver à nous écouter enfin.

MÉDITER AVEC LA LANGUE DES OISEAUX

Les mots nourrissent notre inconscient. La langue des oiseaux – ou oisons – est le langage codé des bâtisseurs de cathédrales du Moyen-Âge. Elle explore la sémantique, la graphie et la sonorité des mots, pour nous rappeler que le sacré est partout. Les mots ont une importance fondamentale pour le corps car ils résonnent dans notre psychisme, par l'intermédiaire de notre corps physique, à travers la symbolique des organes, membres ou maux que nous portons : ce sont les « mots » du corps. Par exemple, pour notre inconscient, le périnée peut être entendu comme le « père-inné ». Il nous renvoie à la protection essentielle, au réconfort et à l'appui que l'archétype « Père » induit. Qu'il s'agisse de notre lien à notre père biologique ou à l'homme que nous avons choisi pour être le père de nos enfants, l'idée source du père est importante dans notre structure physique et émotionnelle. Il peut avoir une résonance également avec le père adoptif, le père spirituel, le beau-père, notre homme ou notre femme en fonction de notre orientation sexuelle, notre patron… Peu importe notre expérience et à quel endroit nous avons transféré cet archétype : il est notre « paire », notre principe masculin intérieur, et un socle important dans notre structure émotionnelle.

Il est essentiel de prendre un temps pour y réfléchir, en toute conscience et sans jugement sur ce que nous ressentons. L'archétype du Père souligne les sentiments de protection, de direction de vie, de confiance, de reconnaissance, mais par-dessus tout de soutien dans nos propres choix. Un lien au père douloureux, en attente ou en crise, peut altérer la manière dont nous allons nous autoriser à nous entourer de personnes soutenantes, empathiques et compréhensives.

• EXPLORATION •

QUELLES ÉMOTIONS SURGISSENT AVEC L'IDÉE DU PÈRE ?

Plongez dans votre histoire personnelle et regardez votre lien avec la figure du père :

- Quelle émotion traversez-vous lorsque vous pensez à votre propre père ? Êtes-vous heureuse ? Triste ? En colère ? Indifférente ? Admirative ? En paix ?
- Avez-vous fantasmé un père absent ou inexistant dans votre vie ?
- Avez-vous haï ou rejeté cet homme par loyauté envers votre mère qui a souffert avec lui ? Peut-être en réponse à son indifférence à votre égard ?
- L'avez-vous mis sur un piédestal qui vous empêche de dialoguer avec lui ?

Si vous avez des enfants, vous pouvez faire le même exercice avec l'homme que vous avez choisi pour en être le père (que vous soyez avec lui ou non, que vous le connaissiez ou pas : sa position évoque forcément un sentiment profond).

Vous pouvez rattacher ce sentiment à celui évoqué plus haut, en lien avec votre père biologique.

N'hésitez pas à écrire vos réponses dans un carnet pour les mettre à distance et les relire plus tard.

QUELLES ÉMOTIONS SURGISSENT AVEC L'IDÉE D'UN SOUTIEN ?

Enfin, à la lumière des premières questions :

- Sentez-vous que vous êtes suffisamment entourée, soutenue et respectée dans vos choix par les personnes qui vous entourent ?

• Êtes-vous d'accord avec l'idée de demander du soutien ? De l'aide ?
• Savez-vous affirmer vos besoins ? Ou au contraire êtes-vous votre propre soutien et ne comptez-vous que sur vous-même ?
Si c'est le cas, prenez un temps pour vous demander pourquoi vous n'acceptez aucune aide :
• Est-ce par fierté ? Peur d'être rejetée ? Parce que vous n'avez toujours compté que sur vous ? Parce que les femmes de votre famille sont des « guerrières » ?
Prenez du temps pour écrire ce que vous ressentez.
À l'issue de cette exploration, vous avez déjà fait beaucoup pour votre périnée, quelles que soient vos réponses : vous avez pris le temps de vous demander où vous en êtes.

LA GUERRIÈRE

Certaines femmes adoptent l'archétype de la Guerrière et en retirent une fierté parce qu'elles ont eu besoin de la force de cette énergie à un moment dans leur vie. Peut-être aussi parce qu'elles l'ont hérité des enseignements des femmes de leur famille ou encore parce qu'elles sont persuadées que la vie doit être un combat. Être son propre soutien ne signifie pas « lutter » mais au contraire « faire confiance ». L'idée que la vie est une lutte entraîne forcément une lutte, puisque nous créons continuellement notre réalité à l'image de nos croyances. Abandonner vos croyances ne signifie pas trahir vos choix, mais simplement changer d'angle de vue : vous ne risquez rien, sinon de voir plus grand.

• EXERCICE •

CONSCIENTISER ET VISUALISER SA BASE

1/ Comprendre la contraction/décontraction du périnée

Afin de mieux ressentir et visualiser votre périnée, vous pouvez vous asseoir sur une chaise et glisser la paume de votre main sous votre pubis, par l'avant.
En contraction, vous pouvez sentir que celui-ci remonte, alors que lorsque vous poussez, vous sentez qu'il descend.

2/ Estimer la souplesse ou la raideur du vagin

Vous pouvez aller plus loin, en utilisant votre sens du toucher. Installez-vous sur le dos, les mains lavées et l'esprit décontracté. Insérez une seule phalange à l'entrée de votre vagin. Pressez par

· ESTIMER LA SOUPLESSE OU LA RAIDEUR DU VAGIN ·

contractions votre doigt pour tester la souplesse ou la raideur de vos muscles.

• Si votre vagin est très souple, voire lâche, vous ne sentirez pas votre doigt.

• Si votre vagin est trop serré, vous pouvez avoir des difficultés à insérer votre doigt.

• Entre les deux, vous pouvez sentir votre doigt mais ne pas réussir à l'étreindre, ou encore le serrer plus ou moins fort, en fonction de la pression que vous arrivez à exercer.

3/ Sentir ses muscles pelviens

Allongez-vous sur le dos en repliant votre jambe du même côté que la main que vous utiliserez. Appuyez-vous sur votre bras opposé et insérez un doigt dans votre vagin, mais plus profondément cette fois. À l'intérieur, vous pouvez trouver une bande musculaire en passant le doigt sur les parois gauche et droite du vagin, puis en

· SENTIR SES MUSCLES PELVIENS ·

allant du fond vers l'anus. Contractez vos muscles et observez leurs mouvements et leur dilatation. Ils deviennent plus étroits à la contraction et s'élargissent dès que vous vous décontractez. Vous pouvez répéter cet exercice pour vous familiariser avec vos muscles pelviens.

LE RITUEL DU BAIN DÉRIVATIF

Le bain dérivatif consiste à se placer au-dessus d'une bassine ou d'un bidet d'eau froide et à mouiller son entrejambe à l'aide d'un gant, de l'aine au périnée, de haut en bas, dix minutes par jour. Cette méthode ancienne pratiquée par les moines allemands du XIXe siècle et remise au goût du jour dans les années 1990 permet de soigner de nombreux maux et d'entretenir sa santé physique et émotionnelle. Les bienfaits de ce rituel sont nombreux : l'élimination des toxines, des surcharges, la régulation de la température, de la digestion, l'élimination de certaines douleurs physiques… Mais surtout il permet de régénérer les fascias, qui sont composés de collagène, d'élastine et d'eau et qui permettent à l'ensemble du corps de bénéficier de ce soin car ils sont connectés à l'ensemble.

· BAIN DÉRIVATIF ·

• EXERCICE •

FAIRE CHANTER SON PÉRINÉE

Le périnée est en lien avec la part expressive de vous-même : dire, communiquer, parler, chanter sont autant de moyens d'ouvrir votre bouche et de vous dire au monde. La relation entre la bouche et le périnée est évidente pendant un accouchement : en bâillant, soupirant, criant, hurlant ou chantant, le bassin s'ouvre pour laisser passer le bébé. Le chant prénatal peut être également un excellent moyen de se préparer à ouvrir son corps.
Vous pouvez faire cet exercice même si vous n'êtes pas enceinte, car il permet de prendre conscience de votre capacité à ouvrir et fermer votre porte périnéale. Si vous attendez un bébé, cet exercice peut servir de préparation à l'accouchement.
Dans mes ateliers, je propose aux femmes et aux hommes présents de le pratiquer lorsqu'ils ont un projet à réaliser dans leur vie. L'invitation au corps à s'ouvrir, grâce au son, permet « d'accoucher » de sa créativité et de mettre au monde son projet, à condition de poser une intention précise avant de faire l'exercice.

En pratique

Asseyez-vous sur un coussin souple, en tailleur. Étirez votre colonne vertébrale vers le haut, tout en relâchant vos épaules et votre mâchoire.
Vous êtes droite, alignée, profondément détendue. Votre respiration vient se poser dans votre ventre, tranquillement, sans forcer. Elle passe par votre nez, entre dans votre gorge, puis descend jusque dans votre bas-ventre.
Lorsque vous sentez que votre respiration est bien posée dans votre ventre, vous pouvez faire remonter une inspiration dans vos

poumons et bloquer l'air, en expirant doucement par le son AAA. Sentez votre estomac se retracter et revenir vers vous au fur et à mesure. N'hésitez pas à envoyer du volume sonore ! Ouvrez la bouche au maximum.

Quand l'expiration s'amenuise, reprenez une inspiration ventrale, puis faites-la monter dans vos poumons et recommencez. Vous pouvez alterner avec des OOO, en décrochant bien votre mâchoire et en ouvrant bien la bouche. Vous pouvez aussi faire des variations sonores : commencez doucement et montez le volume au fur et à mesure.

La vulve, le vagin et l'utérus : le temple vibratoire

SORORITÉ GYNÉCOLOGIQUE : LA PAROLE LIBÉRÉE

Certaines sages-femmes[1] proposent un accompagnement autonome. Elles nous apprennent à regarder notre col, à faire nos propres prélèvements et peuvent, à notre demande, ne pas être dans la pièce quand nous le faisons. Elles envisagent la consultation comme un partenariat, un accompagnement à l'écoute de notre histoire et de nos limites, plutôt que comme un rendez-vous médical où nous devenons « patiente » et donc passive. Cette pratique doit son origine aux mouvements féministes « self help » nés aux États-Unis à la fin des années 1960 et dont le but est la réappropriation par les femmes de leur corps et l'autonomie des femmes sur leur propre corps. L'une des pionnières de la mouvance de libération aux États-Unis fut Betty Dodson, artiste, éducatrice sexuelle américaine et militante féministe dans le mouvement pro-sexe. En Europe, Rina

1. Pour trouver une sage-femme dans sa ville qui pratique ce type d'accompagnement, il y a l'excellent site Internet https://gynandco.wordpress.com.

Nissim œuvre également, depuis les années 1970, en faveur d'une entraide entre femmes, par la diffusion de connaissances, par des ateliers et des cercles de paroles.
Ce mouvement a grand et nourrit aujourd'hui les cercles de femmes que nous connaissons et qui s'appuient sur la rencontre, la communication et le témoignage des femmes. La parole libérée, les corps peuvent gagner en autonomie et en auto-estime. Bien sûr ce mouvement a favorisé la sororité et a mis en lumière la banalisation des violences gynécologiques et obstétricales.

L'AUTO-SOIN RÉCONCILIATEUR

Cet « auto-soin » peut aller du simple examen au miroir jusqu'à une connaissance des plantes médecines. Chaque corps a sa propre intelligence, chaque femme est capable de savoir si elle a mal, si elle doit consulter, et qui elle a envie de voir. Cette expérience va à l'encontre de la séparation de notre corps et de notre esprit, ou de l'idée selon laquelle notre santé sexuelle ne nous concerne pas. C'est une réappropriation de soi.

Contrairement au sexe masculin, le sexe féminin est en partie intériorisé, caché. Par cette réalité biologique, l'éducation religieuse et médicale, mais également tout ce qui a pu en découler dans les représentations en ont fait une zone de non-dits, de « mystère ». Or, il ne s'agit pas d'un corps inexplicable, mais d'un corps mis à l'écart dans notre histoire collective et, par répercussions, dans notre histoire personnelle.

· DIFFÉRENTES VULVES ·

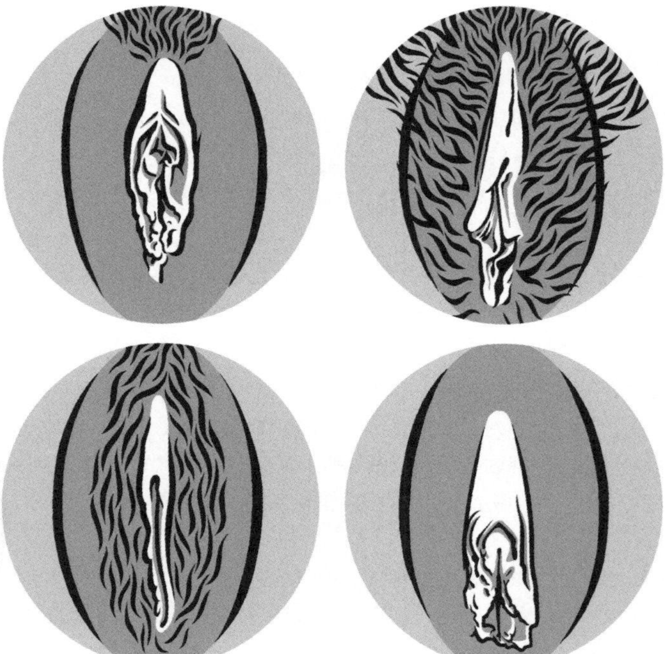

Le sexe féminin est complexe, unique et mouvant :
- complexe puisqu'il demande à être entendu dans la globalité du corps (physique, émotionnel, intellectuel et spirituel) ;
- unique puisqu'aucune physiologie ne se ressemble ;
- mouvant parce qu'il change au fil des cycles et des expériences, comme nous l'avons vu plus haut.

LA VULVE

Il existe énormément de petits noms pour définir la vulve, tout simplement parce qu'il existe autant de vulves que de personnes en possédant une. Autant de noms mignons, affectueux, drôles, vulgaires ou improbables qui vont de la zézette au frifri, en passant par l'abricot, la founette, la fente, la chnèque (mon préféré), la teuch, le bardu ou même le garage… La célèbre chanson de Colette Renard intitulée « Les Nuits d'une demoiselle » en évoque déjà un certain nombre. Ces innombrables appellations reflètent la variété des vulves, de leurs formes, leurs couleurs ou leurs odeurs, et notre manière de les aimer et de les estimer. Nous avons peut-être l'habitude des représentations lisses et épilées du porno *mainstream*. Mais les vulves sont plurielles, comme la forme d'une bouche ou la couleur des yeux. Le terme « vulve » vient du latin « vulva » ou « volva » qui signifie « l'enveloppe », « la matrice » et découle du verbe « volvere » qui signifie « rouler » ou « enrouler ». Il y a dans cette définition l'idée même que la vulve contient une partie visible et une autre qui l'est moins.

Elle comprend l'ensemble des organes externes. Le mont de Vénus protège la vulve par son coussin graisseux et son tapis de poils. Les « grandes » lèvres, poilues sur la surface externe, contiennent des glandes sébacées qui protègent la peau des bactéries et l'hydratent. Elles renferment les « petites » lèvres, appelées aussi les « nymphes », qui se rejoignent pour former le capuchon et le frein du clitoris en haut et à l'avant. Au-dessus, le clitoris, situé sous le capuchon, possède un corps caverneux et deux jambes internes qui entourent la vulve symétriquement de part et d'autre du vestibule. Ce dernier se situe entre les petites lèvres et va du méat urétral en haut à l'orifice vaginal en bas.

La vulve comprend aussi les glandes vaginales (dites « de Bartholin ») responsables de la lubrification, et la prostate féminine libérant l'éjaculation féminine, de chaque côté de l'orifice vaginal. La prostate, elle, se situe en haut, au niveau de l'urètre (voir le point G plus loin).

LE LANGAGE DES LÈVRES

Notre langage positionne et conditionne notre vision du monde. L'éducation véhicule certaines expressions qui renforcent les stéréotypes et favorisent les complexes féminins. Celui des « petites lèvres » en fait partie. Les lèvres internes des femmes sont petites... lorsqu'elles sont enfants ! À partir de la puberté, leur taille évolue jusqu'à dépasser, très souvent, les lèvres externes. Continuer de parler de « petites » ou de « grandes » lèvres est une manière d'infantiliser les femmes, de leur attribuer un sexe de petite fille. Les termes de « lèvres internes » et de « lèvres externes » sont plus justes et permettent de sortir de l'idée que les sexes féminins sont tous les mêmes.

LE VAGIN

Le terme « vagin » vient du latin « vagina » qui signifie « fourreau où est enfermée l'épée ». L'expression « enfermer l'épée » peut simplement signifier que le sexe féminin est intelligent – le symbole de l'épée étant rattaché à l'intellect dans la symbolique du tarot de Marseille. Le vagin garde en mémoire, pense. Il est mouvant et vivant. Ce n'est pas un tube ouvert : ses parois inférieure et supérieure reposent l'une sur l'autre et protègent l'ensemble de l'appareil biologique féminin. Certains symptômes (vaginisme, vaginite, mycoses vaginales…) permettent de mettre en lumière un malaise inconscient dans une relation ou invitent à nous questionner face à des situations de contrainte, d'abus, ou sur la place que nous accordons à l'autre dans notre relation.
Le vagin est la partie qui relie la vulve à l'utérus, donc l'extérieur à l'intérieur. Lors de l'enfantement, il est rétractable pour que le bébé puisse glisser sa tête. Ce moment est nommé le « grand couronnement » et induit par ce terme que chaque naissance est un « sacre », offrant le titre de reine ou de roi au nouveau-né grâce à la caresse du vagin.
Le vagin nous rappelle que la bouche de notre visage et la bouche de notre bas-ventre ont des similitudes. La muqueuse du vagin est autonettoyante et ne doit pas être lavée de l'intérieur ou parfumée, au risque de perturber l'équilibre de sa flore, les « bacilles de Döderlein ». Elle est protégée par le col de l'utérus qui sécrète un mucus appelé la glaire « cervicale ». Ce terme est issu de l'anglais « cervix » (qui signifie « col de l'utérus ») et n'est pas sans rappeler les dernières vertèbres et leur connexion à notre crâne. La glaire cervicale est sécrétée par les glandes cervicales qui se situent de part et d'autre de l'utérus. Cette sécrétion varie en quantité et qualité en fonction du cycle : pendant les règles elle est épaisse et pendant l'ovulation elle est fluide, ce qui facilite le passage des spermatozoïdes et peut

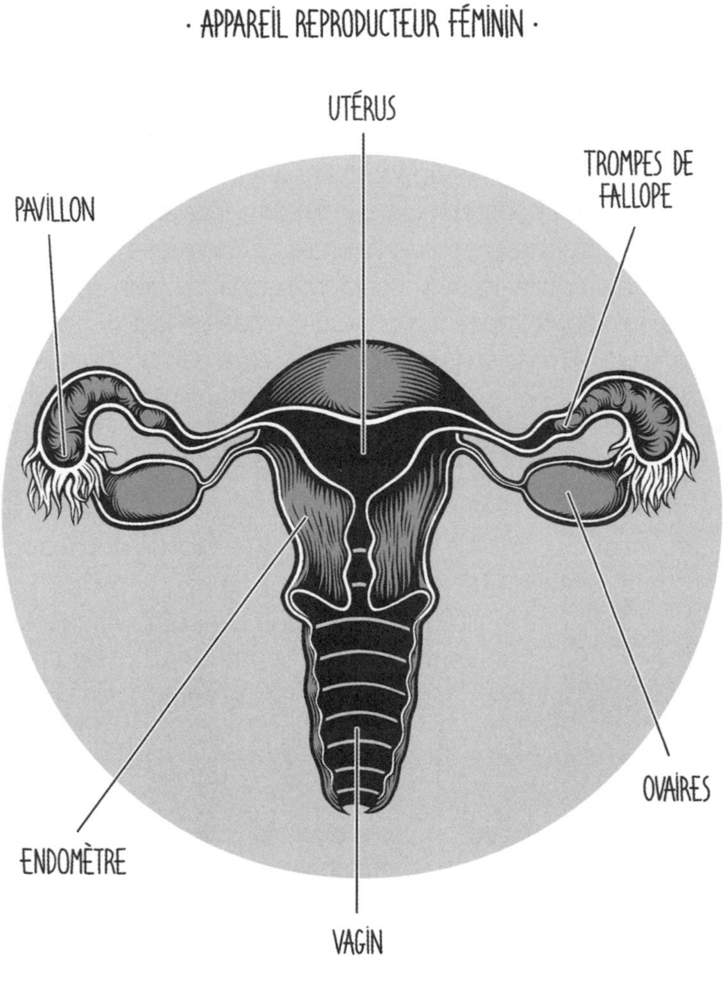
· APPAREIL REPRODUCTEUR FÉMININ ·
UTÉRUS
TROMPES DE FALLOPE
PAVILLON
OVAIRES
ENDOMÈTRE
VAGIN

servir de repère pour connaître son cycle et gérer sa fertilité naturellement.

Les tailles de vagins sont multiples. Selon le Kama Sutra, le yoni (ensemble de l'appareil et de l'appareillage reproducteur féminin) et le lingam (masculin) seraient divisés en trois catégories faisant référence au monde animal et permettant de mieux représenter le feu de notre animalité. Les yonis vont de la taille de la biche à celle de la jument puis à celle de l'éléphante.

L'UTÉRUS

Le terme est tiré de l'indo-européen « udero », qui signifie « ventre ». En grec, il a donné le nom « hystera ». Terrible constat : l'origine même du mot « utérus » a pendant des années qualifié une maladie mentale attribuée essentiellement aux femmes : l'hystérie. Les débordements et complications de santé étaient attribués à leur nature physiologique plutôt qu'aux conditions sociales. Aujourd'hui ce trouble psychologique a été renommé en des termes plus spécifiques appartenant au registre des maladies dépressives, mais est restée, dans notre langage courant, la fameuse qualification féminine, que nous connaissons toutes. Est « hystérique » celle qui parle trop fort, qui gesticule à outrance et dont l'expression d'elle-même s'exprime par la colère, la tristesse ou encore les rires en cascade…, en d'autres termes, qui n'a pas de prédisposition à la finesse, à la pudeur et à la discrétion imposées socialement au genre féminin. Il est possible de voir l'hystérie comme l'expression d'un féminin créatif, débordant et explosif, sans pour autant qu'elle rime avec « détresse ».

En effet, l'utérus est le centre énergétique des informations liées à la création, la procréation et les projets désirés. L'expression de la créativité passe par les tripes, le feu pulsionnel du ventre et quelquefois l'animalité qui peut l'habiter. Attention, cela ne signifie pas qu'une femme qui n'a plus ou pas d'utérus n'a pas de pouvoir créateur ! L'utérus occupe une grande place dans notre imaginaire symbolique. C'est notre premier foyer.

LA PHYSIOLOGIE DE L'UTÉRUS

Situé entre les trompes utérines et le vagin et entre la vessie et le rectum, cet organe est une poche vascularisée, en forme de poire, qui descend vers l'extérieur par un col et s'ouvre vers l'abdomen par des cornes se détachant en trompes (dites « de Fallope ») et aboutissant sur les ovaires. Il est composé de trois parties distinctes : le col utérin ou cervix, le corps utérin et le fond utérin.
Le col mesure environ deux centimètres de long et il est composé de deux parties : l'endocol, proche du corps utérin, et l'exocol, côté vagin.

Qu'est-ce que l'endomètre ?

L'endomètre est la muqueuse qui compose l'utérus. Nous verrons plus loin comment celui-ci s'épaissit au fil du cycle pour se transformer en menstruations. L'utérus est relié aux mamelons grâce aux hormones. Stimuler ses tétons avant ou pendant un accouchement permet d'accélérer le travail en favorisant l'ocytocine, responsable des contractions de l'utérus. Aussi, l'allaitement, par la stimulation du mamelon, permet de réduire la taille de l'utérus qui, lors d'une grossesse, se métamorphose, en passant de six centimètres à trente-cinq centimètres sous l'effet des hormones.

VISITER LE COL DE L'UTÉRUS, UNE PERFORMANCE D'ANNIE SPRINKLE

Dans la performance artistique *Cervix* réalisée en 1998, Annie Sprinkle propose au public de venir visiter son col de l'utérus ! À l'aide d'un spéculum et d'une lampe, chaque personne du public est invitée à venir voir, sans tabou, de quoi est fait l'intérieur féminin. « Approchez, approchez, n'ayez pas peur ! », l'invitation est faite comme pour une attraction circassienne. Ici, la vulve est ouverte et le spéculum permet de voir le vagin qui, pour la plupart des femmes, n'est vu que par le gynécologue ou la sage-femme. Le propos principal de l'artiste est de souligner qu'il ne faut pas avoir peur d'où nous venons : en effet avoir peur de cette intériorité, de son humanité, faite de chair et de sang, c'est aussi avoir peur de son origine, car nous venons toutes et tous d'un utérus.

• EXERCICE •

MIROIR,
DIS-MOI D'OÙ JE VIENS...

Pour voir cette partie de notre propre corps, il nous faut un miroir ! Le miroir est le symbole de notre identité et nous passons de nombreuses heures à y regarder notre visage. En l'utilisant pour voir notre vagin, nous plongeons, comme Alice derrière son reflet, au fond de notre propre histoire. L'histoire dont est issue l'origine de notre corps (où nous avons été créée) et celle de la «con-naissance» de notre feu créatif et sexuel. Observer sa vulve, son vagin, son col est une méthode utile pour se réapproprier son corps, sa santé et ses désirs.
Isolez-vous dans une pièce où vous ne serez pas dérangée. Pensez simplement à vous laver les mains avec de l'eau et du savon avant de commencer.
Prenez une lampe de poche, un miroir à main, grossissant ou non. Installez-vous contre un mur, sur votre lit ou sur une chaise, votre miroir en face ou au-dessus de vous.
Éclairez votre miroir avec votre lampe pour que la réflexion illumine l'intérieur de votre vagin. Détendez-vous et observez !

1/ La découverte : observez d'abord l'extérieur.

• Que voyez-vous ?
Observez d'abord l'ensemble, l'harmonie du tout : votre vulve, votre orifice et votre anus.
Commencez par vos lèvres externes. Si vous avez des poils : où commencent-ils, où s'arrêtent-ils ? Si vous les épilez, de quelle couleur est la pigmentation de votre peau à cet endroit ? Avez-vous déjà pris le temps de regarder réellement la qualité de votre peau, sa douceur, sa souplesse, son élasticité ?

Observez vos plis à l'intérieur et vos lèvres internes : vous pouvez voir si elles dépassent, si elles ont la même taille ou si elles sont asymétriques, et qu'elles renferment votre clitoris. Est-ce que celui-ci ressort, ou faut-il que vous alliez le chercher sous son capuchon et entre vos plis ?
Observez votre orifice : vous pouvez jouer avec la contraction de votre périnée pour l'ouvrir et en observer l'intérieur. Quand vous contractez et décontractez, votre sexe s'exprime. Comme une bouche !

2/ La rencontre : observez la paroi interne.

Si vous regardez bien, près de votre urètre, vous pouvez voir votre point G qui s'avance vers l'entrée de votre vagin ! Il est repérable car il est strié, enveloppé de muqueuses : des tissus érectiles qui entourent l'urètre et la prostate féminine. Vous pouvez insérer un doigt pour toucher le corps de ce point en interne. Sentez-le sous une légère pression.
• Qu'est-ce que vous ressentez ?
Osez mettre les doigts à l'intérieur de votre vagin, plus profondément maintenant.
Sentez votre odeur, goûtez votre fluide : quel goût avez-vous ? Êtes-vous iodée ? Sucrée ? Acide ?
Vous n'aurez pas le même goût en fonction de votre cycle ! Vous pouvez recommencer dans une semaine et la saveur sera différente.
Comment vous sentez-vous ? Trouvez-vous cela agréable ? Joli ? Étrange ? Étonnant ?
Quelles émotions naissent en premier ? La joie ? La peur ? Le dégoût ou le désir ? L'étonnement ?
Puis continuez votre observation.

3/ L'auto-examen cervical : regardez votre col de l'utérus

Allumez une bougie et un peu d'encens pour vous préparer à aller plus loin. Pour ce rituel-ci vous aurez besoin d'un spéculum (en plastique ou en acier inoxydable[1]). À l'aide de cet outil et de votre miroir à main, vous pouvez regarder votre col soit pour le découvrir, soit pour l'examiner. Attention, ceci ne remplace pas un frottis qui vous permettra de dépister un possible problème, cancer du col ou autre… C'est un examen pour vous, pour vous connaître, un rituel pour vous reconnecter à votre origine et voir d'où vous venez ! Si vous êtes à l'aise avec, vous pouvez faire une visite guidée à votre partenaire.

Entraînez-vous à ouvrir et verrouiller votre spéculum avant de l'insérer, pour comprendre comment il fonctionne.

Commencez par vous installer confortablement, avec vos instruments, dans un environnement propre : mains et outils lavés, sans traces de savon.

Respirez profondément et insérez doucement le spéculum, en prenant soin d'en lubrifier le bec. Respirez profondément. Détendez-vous au maximum pour l'insérer jusqu'au bout.

Dès que vous êtes parfaitement décontractée, ouvrez votre spéculum et verrouillez-le. Une fois vos deux mains libérées, vous pouvez prendre votre miroir et votre lampe.

• SPÉCULUM •

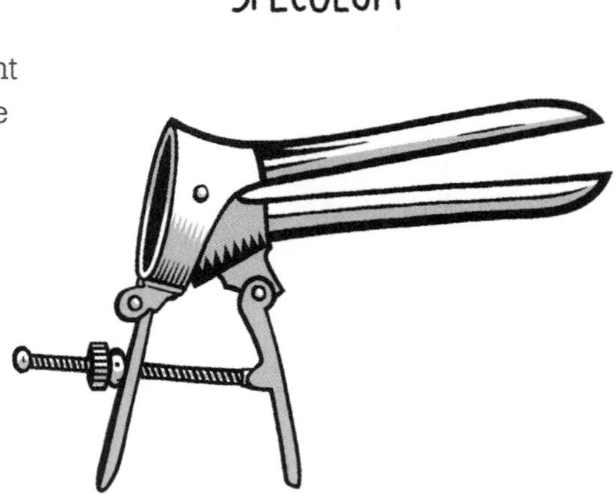

1. Vous pouvez en trouver en pharmacie à moins de 2€.

Éclairez votre vagin et observez votre col dans le miroir. Ce petit donut rose est le bas de votre utérus, sa porte d'entrée et de sortie. En fonction de votre cycle, il n'aura pas la même allure, la même couleur, les mêmes sécrétions, la même ouverture... Sa couleur peut varier du rose pâle au rouge profond. Si vous portez un stérilet, vous pouvez voir la ficelle sortir de votre col !

· AUTO-EXAMEN CERVICAL ·

• EXERCICE •

VISUALISEZ LA RESPIRATION DE VOTRE UTÉRUS

Asseyez-vous en tailleur ou allongez-vous.
Repliez vos jambes en ouvrant vos genoux, de façon que vos plantes de pieds soient l'une contre l'autre. Remontez les talons au niveau de votre fessier.
Une fois que vous êtes bien positionnée et parfaitement détendue, placez votre attention sur votre respiration : laissez-la descendre dans votre ventre, sans forcer.
Inspirez profondément par le nez en contractant votre périnée. Sentez que l'énergie de votre vagin et de votre utérus monte en vous. Puis expirez en relâchant votre périnée. Sentez que l'air descend dans votre utérus, visualisez-le en train de sortir par votre vagin. Recommencez en inspirant et en serrant légèrement votre périnée, votre anus. Visualisez l'énergie qui monte jusqu'au cœur par un faisceau de lumière rouge. Puis inspirez et expirez en décontractant votre périnée, voire en poussant très légèrement pour faire sortir l'air. Imaginez qu'en vous pénétrant, cet oxygène vient nettoyer, déplier, décoller vos organes et les énergiser. La peau de votre utérus semble plus souple, plus relâchée. Vous pouvez accompagner la visualisation de rayons de lumière blancs, au moment où l'air descend en vous. Sentez comme ils viennent mettre de la chaleur dans chaque petite membrane, dans chaque petit pli utérin.
Recommencez sans forcer, jusqu'à ce que vous sentiez que vous en avez eu assez.
Si vous êtes à l'aise avec cette pratique, vous pouvez la faire avec un œuf de Jade dans votre vagin.

• MÉDITATION •

LA MÉDITATION DU VAGIN : LES ŒUFS DE JADE

L'œuf de Jade ou de Yoni est une pierre à introduire dans le vagin. Il s'agit d'une pratique ancienne, réservée aux impératrices chinoises ou aux concubines de l'empereur. Le terme « Yoni » est un mot sanskrit qui désigne le sexe féminin. Dans la tradition indienne du tantrisme, il est la source et le passage du divin. L'utilisation de l'œuf est à la fois philosophique, artistique et religieuse. Le symbole de l'œuf renvoie au démarrage d'un nouveau cycle et à la gestation d'une nouvelle création. Au niveau symbolique, il représente l'ovule, le bébé à venir, le projet à réaliser. Il peut apaiser et donner du sens aux mémoires de perte, de fin de cycle et de deuil suite à une fausse couche ou à la perte d'un enfant. La pratique de l'œuf permet une meilleure connaissance de soi, de son vagin, de son périnée, mais surtout de ses émotions. Elle travaille sur :
• la physiologie interne ;
• les mémoires intimes personnelles ;

· ŒUF DE JADE ·

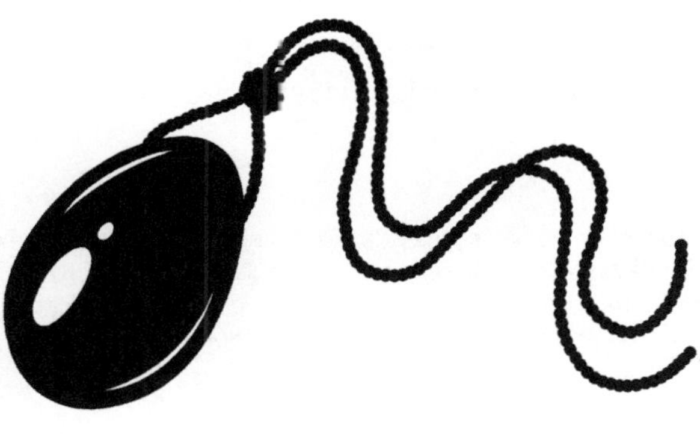

• les mémoires de notre arbre «gynécologique» (la lignée des femmes);
• la conscience de nos capacités à créer des projets et/ou à donner la vie;
• la place que nous accordons à la sexualité.

Comment choisir sa pierre ?

Nous choisissons notre pierre en fonction de notre intuition quant à ses pouvoirs. Les minéraux ont une mémoire sensible[1]. En fonction du type de pierre, nous n'aurons pas les mêmes vibrations. Voici une liste de quelques pierres et de leurs propriétés, mais il en existe d'autres :
• l'Agate pour être confiante, retrouver l'équilibre et sa stabilité;
• l'Améthyste pour s'harmoniser et être sereine;
• la Cornaline, pour s'ancrer et retrouver le sommeil;
• la Fluorite pour se concentrer, mieux réfléchir et analyser;
• le Jade blanc pour faire la paix, pour se tempérer et lâcher le mental;
• le Jade jaune pour mieux communiquer et pour retrouver la joie;
• le Jade vert pour l'humilité et prendre conscience de sa puissante féminité;
• le Jaspe rouge pour s'enraciner et pour oser agir;
• l'Obsidienne noire pour se protéger et voir ses peurs en face (attention, c'est puissant !);
• l'Œil de tigre pour se protéger et fluidifier ses relations sociales;
• le Cristal de roche pour se guérir ou pour vivre une sexualité plus épanouissante;
• le Quartz rose pour être en confiance et dans une énergie rassurante, pour mieux dormir;

---

1. Il est important de ne pas acheter de pierres teintées, extraites par explosifs ou issues d'exploitations minières et vendues sur le profit du travail des enfants. Pour cela, il faut investir dans une pierre de qualité en évitant les prix bon marché qui n'auront pas l'efficacité recherchée, voire seront toxiques pour les muqueuses.

• la Serpentine pour son introspection personnelle, sa guérison émotionnelle et pour sortir du jugement.

Il existe différentes tailles d'œufs et différentes manières d'utiliser son œuf. Plus nous sommes dans une pratique quotidienne, plus les bénéfices se feront sentir. Nous pouvons le mettre pendant la journée, pour faire des exercices de visualisation, de conscientisation du périnée ou pendant la nuit, pour dormir, bien qu'il puisse perturber le sommeil, ou encore l'utiliser pour des automassages régénérateurs ou sensuels.

Précautions

• Si l'œuf vous fait mal, retirez-le immédiatement.

• Évitez de porter un œuf si vous êtes enceinte, ou venez d'accoucher.

L'œuf se nettoie au préalable, à l'eau bouillie, ou au savon intime. Un nettoyage énergétique invite à recharger sa pierre avec des mots (intentions, prières, mantras), à l'eau de source, au soleil ou aux rayons de Lune.

• On ne garde l'œuf que quelques heures.

• RITUEL •

LA BÉNÉDICTION

L'utérus est un lieu de mémoire et les maux qui peuvent s'y loger (blocages créatifs, blocages procréatifs ou infertilité, manque de confiance, etc.) sont souvent dus aux mots prononcés sur soi ou entendus dans sa famille et à l'école. « Bénir », c'est « bien dire », envelopper de louanges et de bienveillance. La bénédiction s'inscrit en nos corps comme une mémoire collective. Qui mieux que nos mères, nos grands-mères et nos arrière-grands-mères savent ce qu'est la parole qui casse, qui enferme et qui noue le ventre ? Peut-être ont-elles reproduit et transmis cette parole qui pèse dans nos chairs et bloque nos capacités créatives. « Bénir l'utérus » permet d'accorder une considération à ce foyer primitif et symbolique. La bénédiction de l'utérus est un renversement des maux de ventre en mots d'Amour.

En pratique

Sur une feuille de papier, dessinez un utérus en conscientisant que c'est le vôtre. Un triangle arrondi pointé vers le bas suffit, mais occupez toute la feuille. À l'intérieur écrivez un mot par jour

pendant vingt-huit jours. Oubliez les mots qui sont passés par vos oreilles pour se réfugier dans votre bas-ventre comme des coups de poignard. Écrivez les mots qui vous font du bien et qui résonnent comme un soin : « PARDON », « MERCI », « INTELLIGENCE », « AMOUR », « RECONNEXION », « CRÉATION »... Laissez ce dessin se remplir au fil des jours dans un endroit qui représente le cœur de votre foyer : un autel, votre salon, votre chambre, au-dessus de votre lit ou sous votre oreiller...

À la fin de votre cycle menstruel ou de vingt-huit jours – qui représente un cycle lunaire et approximativement un cycle féminin – relisez vos mots à voix haute, en posant votre main gauche, la main reliée à votre cœur, sur votre bas-ventre.

Enterrez la feuille au pied d'un arbre fruitier, dans un lieu qui vous inspire. Si vous vivez en ville posez la feuille dans l'eau d'une rivière ou d'un canal. Surtout ne la brûlez pas : le feu n'a pas la même symbolique pour l'inconscient que la Terre ou l'eau qui induisent l'idée de vie, de création et de fertilisation.

Vous pouvez vous livrer à ce rituel sur toutes les parties de votre corps avec lesquelles vous ne vous sentez pas en accord. C'est un exercice puissant, qui demande de consacrer du temps au service d'un acte créatif et poétique.

· TWERK ·
· POSITION DE BASE ·

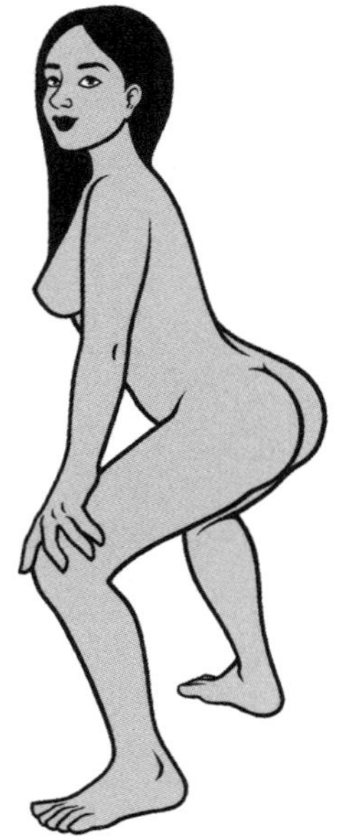

• EXERCICE •

LE TWERK

Les femmes ont toujours fait danser leur bassin à travers le monde. Elles le font culturellement dans certaines traditions, dans des rituels collectifs mais aussi dans l'intimité, pour faire l'amour, séduire, soulager les douleurs pelviennes. Bouger son bas-ventre permet de relâcher certaines tensions, de réaligner ses désirs et son bassin et de muscler son périnée. Le twerk est une danse qui prend racine dans la culture africaine, mais elle fait écho à de

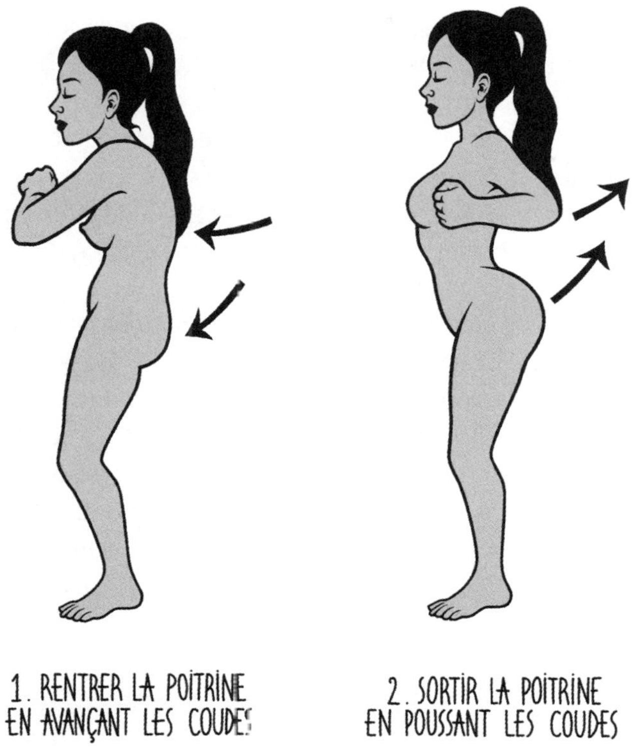

nombreuses autres traditions féminines comme la danse orientale ou les danses polynésiennes, où le travail de vibration du bassin sert de base rythmique pour accompagner des gestuelles précises. À notre époque, le twerk est utilisé comme moyen d'émancipation sexuelle et créative chez les femmes qui la pratiquent. Cette danse reconnecte notre esprit avec le bas du corps, trop souvent délaissé, notre « bas-sain ». Mais sa puissance vient également du fait qu'elle englobe nos fesses, notre vagin et notre utérus dans un lien étroit

avec le rythme, le son et la vibration, qui constitue une technique de soin ancestrale. En effet, les émotions, frustrations ou complexes qui se cristallisent en nous peuvent raidir nos muscles du périnée et notre bassin. Les agressions physiques, morales et sexuelles à notre encontre ont pu nous déconnecter du bas de notre corps.
De tout temps et dans beaucoup de cultures, la danse du bassin (ou du ventre) se pratique en vue de libérer des mémoires, raconter l'histoire des femmes, et faire appel à la puissance du féminin. Remuer son bassin peut permettre de renouer avec sa fertilité en la stimulant, ou au contraire en la maîtrisant, mais aussi de préparer à accoucher, d'évacuer une fausse couche ou même d'avorter. C'est un outil d'émancipation, et une expression du corps. S'offrir un temps pour «bouger ses fesses» permet de se lâcher et de stimuler sa propre énergie créative et sexuelle afin d'assumer son feu féminin et d'en finir avec les jugements puritains sur l'image d'un féminin sans désir. C'est à la fois un nettoyage et un acte sportif. S'il est pratiqué régulièrement, il fait énormément de bien!

1/ Échauffement du corps

Mettez une musique rythmée, avec du tambour ou des basses. Commencez par de petits cercles du bassin de gauche à droite, puis de droite à gauche. Une fois le bassin échauffé, faites pareil avec vos épaules: roulez doucement celles-ci vers le haut puis vers le bas, puis d'avant en arrière.

2/ La cambrure du bassin et les fesses

Positionnez-vous face à un miroir. Observez votre mouvement, les jambes bien écartées et les pieds parallèles. Vos mains sont sur vos genoux, pouces vers l'intérieur, et vos bras sont tendus.
Fléchissez vos jambes et cambrez votre fessier. Votre dos est droit

et vos pieds ancrés au sol. Ne bougez pas toute votre colonne vertébrale mais uniquement les lombaires, le lieu où se loge la transmission de nos ancêtres, notre bagage transgénérationnel. Si la lignée des femmes de votre famille n'a pas souvent eu le droit de s'exprimer librement, de vivre sa sexualité ou simplement sa créativité, cet héritage peut se faire sentir à cet endroit, le rendant peut-être plus raide. En remuant cette partie de vous-même, vous allez secouer cette mémoire pour la libérer.
Posez votre attention sur votre bassin : il doit être mobile et effectuer un mouvement de bascule. Vers l'arrière il se détend, vers l'intérieur il se contracte.
Observez votre mouvement de bascule. Détendez le bas du dos et fléchissez bien les jambes. Inspirez au mouvement intérieur et expirez vers l'extérieur.
Regardez vos oscillations dans le miroir. Puis fermez les yeux et observez les sensations intérieures. Sentez votre peau, la graisse de votre fessier qui rebondit et vous masse par sa vibration à chaque va-et-vient.

3/ Faire rebondir ses fesses

Ajoutez une nouvelle impulsion grâce à un rebond, en poussant vos talons en même temps que votre fessier. Restez souple, vous pouvez même sauter à chaque fois que vous poussez vers l'arrière.

4/ La poitrine et les épaules

Le mouvement du haut du corps va permettre de donner une impulsion plus puissante au mouvement du bas.
Posez vos pieds au sol, repliez vos bras devant vous en ramenant vos mains près de la poitrine. Rentrez les épaules, la poitrine et le ventre en faisant le dos rond, puis poussez en sortant vos seins

en avant et en tirant vos coudes derrière vous. Faites plusieurs allers-retours pour comprendre ce mouvement, puis accélérez-le en vous focalisant sur la poussée des épaules vers l'arrière. Le corps revient presque normalement vers l'avant quand vous le faites plus rapidement sans forcément avoir besoin de «rentrer» les épaules.

5/ Dansez

La dernière étape : les fesses et la poitrine sont coordonnées ; lorsque vous sortez la poitrine et poussez les coudes derrière vous, l'impulsion doit envoyer votre fessier en arrière presque naturellement. Accélérez ou ralentissez votre cadence à votre rythme.

Le clitoris : un organe récréatif, procréatif et créatif

Longtemps délaissé et à peine représenté dans les schémas d'anatomie, le clitoris n'a été dévoilé sous sa véritable forme et en trois dimensions qu'à partir de 1998. Aucun intérêt pour les chercheurs puisque celui-ci avait pour seule fonction de donner du plaisir… aux femmes. Jusqu'en 2017, aucun cours de biologie ne le mentionnait, alors que la verge était étudiée. Certaines études menées[1] auprès d'adolescents montrent que les élèves étaient capables de dessiner un pénis et des testicules, mais ne situaient pas le clitoris, pas même les jeunes filles. Pour moi, ce n'est pas parce qu'une jeune fille ne sait pas nommer, dessiner ou disséquer son sexe qu'elle ne sait pas se servir de son clitoris ! Il y a des pratiques qui se vivent mais qu'il est difficile de nommer, surtout quand celles-ci sont mal vues des autres. Mais il est certain qu'il est temps que l'existence du clitoris soit reconnue, enseignée, valorisée. Le clitoris ne sert pas uniquement au plaisir sexuel mais bien à toutes les activités physiologiques de l'appareillage féminin. En communiquant avec le périnée, il est stimulé sans même que nous entrions en contact direct avec lui. Gorgé de sang lors de l'excitation comme à différents autres moments de la journée, il ne peut pas être séparé de l'ensemble. C'est

1. Jean-Claude Piquard, *La Fabuleuse Histoire du clitoris*, éditions H&O, 2013.

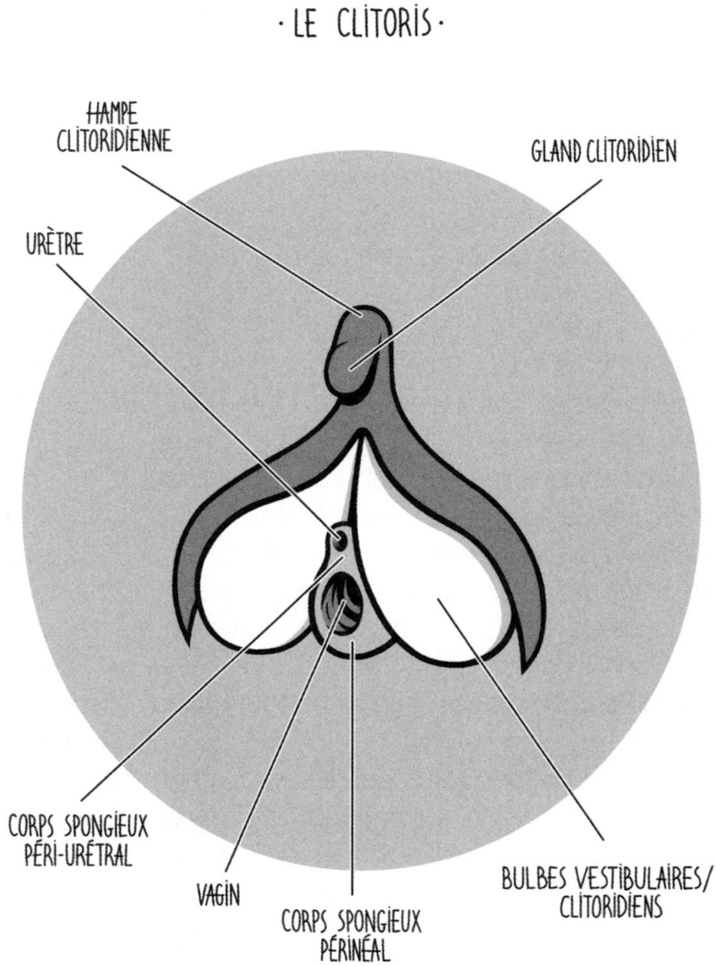
· LE CLITORIS ·
HAMPE CLITORIDIENNE
GLAND CLITORIDIEN
URÈTRE
CORPS SPONGIEUX PÉRI-URÉTRAL
VAGIN
CORPS SPONGIEUX PÉRINÉAL
BULBES VESTIBULAIRES/ CLITORIDIENS

un organe essentiel dans la procréation et l'accouchement : lors de la reproduction, il va modifier le pH du vagin pour le rendre moins acide. Comprendre que le corps est une entité aux parties interconnectées permet de sortir le corps d'une « fonction » et de mettre fin aux guerres culturelles et sexistes qui voudraient que le clitoris soit uniquement « plaisir », ou uniquement « procréation ».

LA PHYSIOLOGIE

En grec, le mot « kleitoris » signifie « clé ». Dans son ensemble, extérieur et intérieur, le clitoris forme un Y.
De l'extérieur, le clitoris se compose d'une partie visible appelée « gland », ornée d'un « capuchon ». Tous deux sont lovés dans la partie haute et centrale de la fente de la vulve. La partie interne se prolonge par le corps du clitoris qui se sépare en V, formant deux piliers symétriques, deux corps caverneux et deux bulbes vestibulaires entourant le vagin et l'urètre[1].

L'ORIGINE DU CLITORIS ET DU PÉNIS

Les organes génitaux externes, qu'il s'agisse de ceux de l'homme ou de la femme, ont la même origine biologique. Ainsi, au départ, nos organes, qui semblent encore asexués, sont semblables. À sept semaines, le fœtus, qui a les deux types

1. Ce sont les travaux de l'Australienne Hélène O'Connel en 2005, qui nous ont permis de mieux comprendre le clitoris. En utilisant l'imagerie 3D, cette urologue a détaillé sa structure et a pallié le manque de connaissances des manuels médicaux sur le sexe feminin.

DÉVELOPPEMENT DES ORGANES SEXUELS CHEZ L'EMBRYON

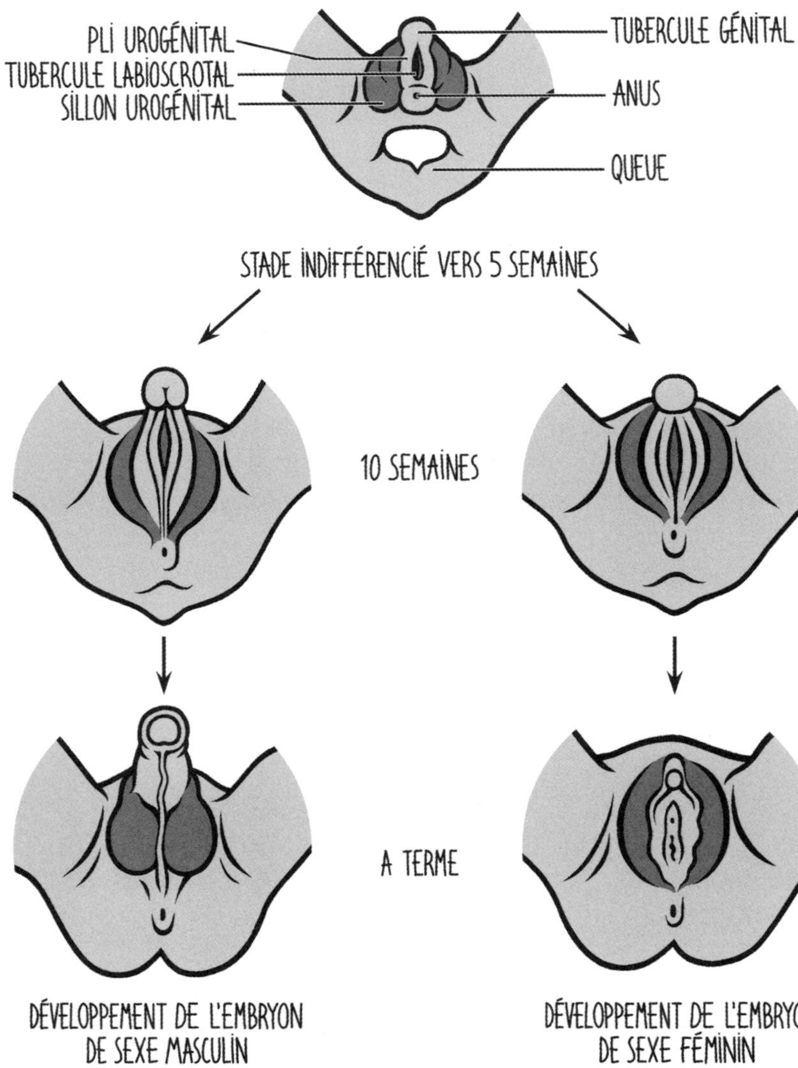

d'organes – femelle et mâle –, porte un petit bourgeon génital qui sera son futur clitoris ou pénis. Le petit garçon XY naît avec un pénis qui porte la trace de la fermeture de l'urètre et du sinus urogénital, qui reste ouvert pour le sexe d'une petite fille XX. La démarcation de cette fermeture se voit à la ligne qui relie le pénis et les testicules : c'est la marque de son vagin primitif. Ainsi, nous sommes faits à peu près de la même façon. Bien qu'il ressemble à un petit pénis et que son fonctionnement soit quasiment identique, le clitoris est un clitoris.

L'ÉRECTION CLITORIDIENNE

Le clitoris est un organe qui réagit aux flux sanguins grâce à sa vascularisation prolifique. Ainsi, son tissu vascularisé le rend érectile et, même s'il est moins visible qu'un pénis, il bande ! Il peut être stimulé par l'extérieur comme par l'intérieur. Les nombreux vaisseaux sanguins du corps du clitoris sont reliés aux bulbes qui gonflent au moment de l'excitation. Ainsi, une pénétration vient augmenter l'afflux de sang et participe à l'orgasme. Si le clitoris est excité par une pénétration vaginale ou anale, on parlera d'orgasme « vaginal » ou « anal ». Mais il peut également être stimulé seul, sans pénétration, par voie externe. On parle alors d'orgasme « clitoridien ». Il est possible que l'orgasme soit mixte s'il y a stimulation simultanée du clitoris et du point G, mais aussi de l'anus qui communique avec le réseau de muscles pubo-coccygiens (PC). Ainsi les voies érotiques de la physiologie féminine sont multi-orgasmiques !

LA RÉFLEXOLOGIE DU CLITORIS

Le clitoris est un organe sensible qui porte, dans son ensemble, la sensibilité du corps entier, comme tous nos organes. En effet, comme les oreilles, les pieds ou le pénis rassemblent à leur niveau le corps entier, le clitoris comprend une tête, un tronc et deux jambes.

Au moment de l'orgasme, chaque corps va se comporter à sa manière. Certaines femmes vont avoir besoin de refermer les cuisses car la poussée énergétique leur donne envie d'appuyer dessus, de compresser les lèvres par ce resserrement. D'autres vont raidir les jambes, voire le corps entier. C'est une traduction de la tension qui se passe en interne : les piliers du clitoris (ou jambes) se gonflent et se tendent.

La prostate féminine : le foyer sexuel

Située entre le clitoris et le vagin, près de l'urètre, la prostate féminine a été mise en lumière dans les années 1950. Cette glande a été réintégrée par les sexologues dans les années 1980 comme étant un « point » responsable de l'éjaculation féminine, qu'ils nommèrent « point G », pour évoquer le docteur allemand qui l'a découverte. Son éjaculat provient des glandes dites « de Skene[1] » qui se différencient des glandes lubrificatrices, dites « de Bartholin[2] ».

La prostate féminine possède trois fois plus de glandes et de canaux que la prostate masculine. Elle a la capacité d'expulser un éjaculat, qui peut être peu important ou prolifique, en le faisant remonter vers la vessie. Le point G est rattaché au nerf pelvien, ce qui rend sa stimulation plus émotionnelle que la stimulation clitoridienne externe qui peut être plus mécanique. Ce liquide n'est en rien de l'urine, puisque sa production naît de la prostate elle-même. Sa consistance est aqueuse, translucide

1. En 2001, le terme « prostate féminine » a été adopté pour la première fois en abandonnant la dénomination de glandes « para-urétrales » ou « de Skene ».

2. Il est important de noter que la cartographie génitale féminine porte sur chacun de ses organes le nom du scientifique masculin qui l'a découvert, un peu comme un territoire découvert par son explorateur. C'est pourquoi certaines féministes, dans une volonté de « décoloniser » le corps des femmes et en vue de retrouver leur autonomie sexuelle, préfèrent renommer ces parties du corps par les noms des femmes qui ont été mutilées pour ces avancées scientifiques. Le point G devient « la glande Anarcha », les « glandes de Bartholin » deviennent les « glandes Betsy & Lucy » en l'honneur de ces femmes que la science ne mentionne pas.

et son odeur varie en fonction du cycle menstruel. Il joue un rôle essentiel dans le système hormonal féminin. La dénomination « point G » concerne tout le tissu érectile qui communique avec les muscles PC et le clitoris. C'est ce tissu qui se gorge de sang quand il est stimulé et qui peut être senti à travers la paroi vaginale puisqu'il s'étend sous la vulve et près de l'anus. Pour Deborah Sundahl, « le foyer émotionnel, sexuel et physique se situe dans le point G[1] » et si une femme n'a pas conscience de sa puissance, « ses sentiments restent comme flottants » et elle va peu à peu se détacher de sa sexualité.

• EXERCICE •

STIMULATION DU POINT G

Pour visualiser votre point G, reprenez l'auto-examen au miroir pour regarder de plus près cette petite boule cannelée placée près de votre urètre. N'oubliez pas d'aller faire pipi avant de commencer et de vous laver les mains. Une fois prête, installez-vous et respirez… Introduisez votre doigt à l'entrée du vagin, vers le haut, et appuyez légèrement sur la partie tendre. Effectuez de petits mouvements tout doux de gauche à droite pour stimuler cette partie située sous vos doigts. Pour vous aider, vous pouvez pousser légèrement sur votre périnée. Plus vous le stimulerez, plus vous sentirez la différence. Si la sensation est douloureuse, vous pouvez arrêter et reprendre plus tard.

1. Deborah Sundahl, *Le Guide Tabou du Point G et de l'éjaculation feminine*, Tabou éditions, 2019 [*Female ejaculation & the G-Spot*, Hunterhouse, 2003], p. 214.

· NERF PELVIEN ·

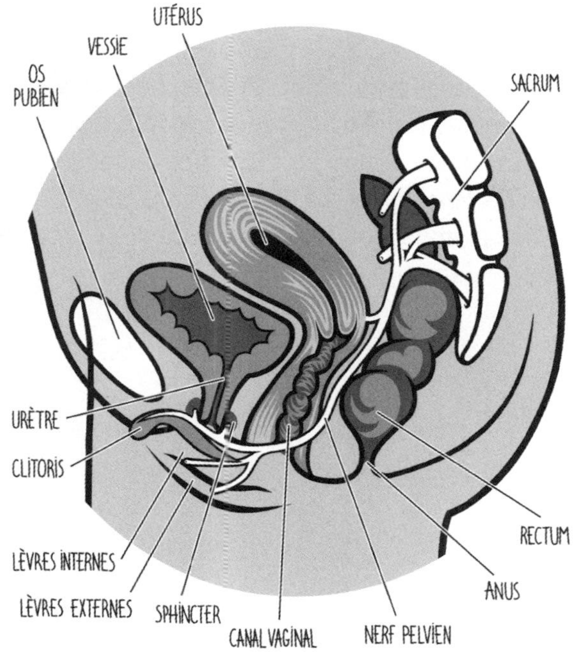

· PROSTATE FÉMININE ·

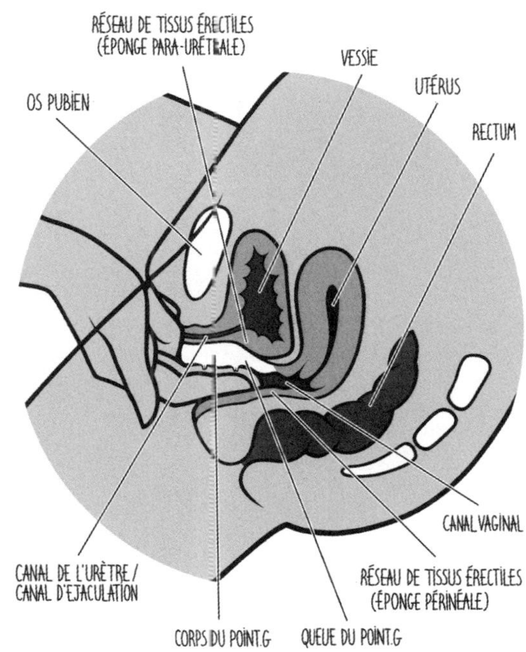

Si vous décidez de continuer, vous pouvez appuyer sur votre mont de Vénus pour accentuer la pression. Amenez votre doigt très lentement sur la queue du point G. Plus vous respirerez profondément et plus les sensations seront agréables. Nous verrons plus loin comment guider ces sensations jusqu'à l'éjaculation (avec ou sans orgasme).

L'anus : la voie du lâcher-prise

L'anus est cet anneau de peau, cet orifice du rectum qui permet l'évacuation des excréments et des gaz issus de la digestion. Son contrôle se gère par les deux muscles sphincters – externe et interne – qui permettent son ouverture et sa fermeture lors d'un apprentissage acquis dans la petite enfance. C'est une des raisons du grand tabou qui le caractérise : il manifeste le contrôle et le relâchement du corps. L'anus est donc notre porte d'accès au lâcher-prise ! Ce qui peut effrayer lorsque nous manquons d'assurance ou lorsque nous sommes dans le contrôle – ce qui est souvent la même chose. Le sphincter externe n'est pas seulement celui qui permet d'aller à la selle, il s'exprime également suite à une émotion forte, comme la peur ou le stress.
Connectés au plancher pelvien, les sphincters sont en lien avec les muscles PC. L'anus est riche en terminaisons nerveuses et cela fait de lui une zone bien plus sensible que le vagin.
Enraciné dans l'inconscient comme n'ayant pour fonction que la défécation, l'anus est associé à la saleté, à la souillure et à un besoin primaire. Aussi, en tant que zone sexuelle, est-il désigné par un champ lexical d'insultes vieilles comme la Bible, qui renforcent l'image d'un plaisir impur, à la fois animal et sans retenue. Lorsque nous prenons conscience de la manière dont nous le considérons, il nous guide sur notre capacité à relâcher la pression. De par sa fonction de « terminus » du corps et donc de mort symbolique associée à cette idée de

fin, l'anus est incontestablement la zone la plus féminine, la plus émotionnelle et la plus spirituelle du corps.

ÉCOUTER SON CORPS

Sexualités : ouvrir son cœur à soi-même

La société occidentale n'est pas une culture de l'ancrage mais une culture de l'intellect et du mental, sans compter qu'elle est basée sur une philosophie dualiste qui sépare le corps et l'esprit. Notre éducation a beau prôner la culture du corps, des canons de beauté et des vitrines Instagram, nous sommes coupés de notre corporalité. Or, revenir au corps, c'est avant tout revenir à sa « base », du côté de la structure « sacrée » de l'être. La base de la colonne vertébrale ne porte-t-elle pas le nom de « sacrum », nommé le chakra « racine » dans le Tantra ? L'expression primaire et viscérale, profondément reliée à nos racines primitives, en est l'instinct.

Si l'intuition est reliée à notre esprit, l'instinct renvoie à notre animalité. Pour beaucoup, la sexualité se rattache à une décharge pulsionnelle et à un besoin instinctif. Mais l'énergie sexuelle est bien plus intéressante : c'est la force de vie, l'énergie la plus puissante du corps. Nous nous sommes constitués à partir

d'un acte charnel et sexuel et nous créons quotidiennement, par le biais de nos désirs projetés sur la matière : création et procréation relèvent de la même information, celle du feu de nos ventres. Le gouffre culturel entre procréation et sexualité nous a éduquées dans la peur inconsciente de l'énergie sexuelle : peur de tomber enceinte, peur d'être une « vilaine fille », peur des fantasmes, peur d'être « trop » ou « pas assez » sexualisée, de ne pas plaire, peur de ses propres orientations sexuelles, peur de l'énergie du partenaire… alors que cette énergie maintient la bonne santé physique et mentale.
L'énergie sexuelle est revigorante et permet d'accéder à une puissance vibratoire qui concerne toute notre vie instinctive et créative. Si la sexualité est vécue en conscience, elle n'est plus une « décharge » : elle « recharge » d'énergie le corps entier. Sa pratique peut aller jusqu'à des visions et des orgasmes intenses, voire mystiques. C'est en soi-même qu'elle prend sa source, et si elle n'est pas apprivoisée, elle peut rester silencieuse. Mais par-dessus tout, elle ne doit pas attendre la permission d'un.e partenaire pour s'autoriser à circuler en nous : tout cela commence par l'auto-érotisme…

LA MASTURBATION EN CONSCIENCE

Avant toute chose, la masturbation en conscience manifeste le sentiment profond d'être en confiance et en sécurité avec soi-même, sans aucune culpabilité. Toucher son sexe fait partie de sa propre évolution physiologique et favorise la perception de son corps. Les premières masturbations sont naturelles et démarrent dès l'apparition des organes génitaux, dans le ventre des mères : elles font partie du développement de l'embryon.

Dès deux ans, l'enfant se touche de façon instinctive. Cela permet de construire son plaisir d'être soi, et de développer son rapport au monde. Malheureusement, certains parents projettent leurs frustrations et interdisent, humilient, culpabilisent – voire abusent – leur enfant, qui peut par la suite associer la masturbation à une pratique honteuse.
Dans une société où le corps féminin est instrumentalisé, il est difficile de se vanter librement de ses multiples orgasmes, atteints seule ou avec une copine de classe. D'autant plus que, d'après Rina Nissim, à la lumière des recherches de la féministe Shere Hite, 90 % des femmes se masturbent et 95 % d'entre elles arrivent à l'orgasme[1] alors que seulement 30 % d'entre elles y parviennent pendant une pénétration.
Beaucoup de femmes ont une telle charge mentale au quotidien que la sexualité devient l'opportunité de contrebalancer cette charge par un abandon total entre les mains d'un.e partenaire. Prendre du temps pour explorer seule ses fantasmes et son appétit sexuel ouvre sa relation à soi-même et, de ce fait, à l'autre. Qu'il s'agisse de frottements, de massages, de pressions, de positions particulières, d'automassages, de stimulations (vibromasseur, coussin, pommeau de douche, vidéos, lectures…), les voies auto-érotiques sont diverses mais elles entretiennent toutes sa relation à soi-même et régénèrent le corps grâce à la puissance des hormones. La vague intérieure est capable de transporter une information précieuse dans toutes les parties de soi : c'est un puissant remède thérapeutique dans certains cas.

1. Rina Nissim, *La Sexualité des femmes racontée aux jeunes et aux moins jeunes*, éditions Mamamelis, Suisse, 2005, p. 19.

LA PUISSANCE DES FANTASMES

La rencontre avec l'Eros ne peut pas se faire sans apercevoir Thanatos et sans avoir peur de cette puissance qui fait partie de soi. Les deux pulsions sont liées. La vie est reliée à la mort. C'est pourquoi la sexualité est complexe : elle reconnecte à cette conscience des cycles de « vie-mort-vie ».

Parce que le fantasme est lié à l'inconscient, il utilise des images puissantes issues de nos forces instinctives. Ces symboles peuvent nous surprendre mais s'autoriser à les ressentir permet de nourrir notre énergie sexuelle en profondeur. Le sexe est un renversement de notre réalité, un lâcher-prise des rôles bien cadrés au travail ou dans la famille. La polarité inverse qu'il met en lumière est souvent plus juste pour notre équilibre. C'est une voie auto-érotique de reconnexion à un soi authentique, un « je » libérateur, mais un « jeu » avant tout.

Le fantasme nourrit l'énergie sexuelle. Plus notre imaginaire se lâche, plus nous transmutons nos peurs en amour et devenons des alchimistes. De cette manière, l'énergie sexuelle peut devenir un soin puissant. Certaines femmes s'en servent pour guérir des maux physiques ou émotionnels : des règles douloureuses, un accouchement qui s'éternise, des migraines ou des douleurs, mais aussi une dépression, une peur incontrôlable, des violences intériorisées, un sentiment d'abandon, ou encore les mémoires traumatiques d'abus et d'agressions physiques…

Qui dit « énergie de vie » dit « éloigner la mort », et la connexion à sa propre source de plaisir est souvent la plus efficace. Jouer avec cette vague, la faire monter en conscience dans les zones du corps que nous souhaitons voir s'éclairer de sa force de vie prouve encore qu'il n'est pas nécessaire de limiter les différentes parties de notre corps à des fonctions précises. Tout est lié, connecté en nous. C'est d'ailleurs bien pour cette raison que beaucoup de prostituées sont des thérapeutes et se servent de ce flux énergétique comme d'un puissant remède.

L'ORGASME OU L'ORGASTE ?

Mis en lumière dans les années 1930 par le psychiatre et médecin Wilhelm Reich, l'orgaste est à différencier de l'orgasme. L'orgasme signifie en grec « bouillon d'ardeur » ou « effervescence », un état dans lequel nous nous retrouvons quand nous sommes excité.es. Ce procédé alchimique dépend d'un éventail de stimulations et ne s'arrête pas à l'apogée de ces sensations.

L'orgaste, c'est le climax : l'accélération du pouls, les contractions et les hormones. C'est un moment d'explosion qui peut être intense. L'orgaste semble être l'étape obligatoire pour vivre une sexualité épanouissante. Pourtant, moins il y a de pression, plus on apprécie les montées, et plus la sexualité est épanouie. Ce n'est pas parce qu'il y a une réaction mécanique du corps qu'il y a du plaisir et que les sentiments qui en découlent sont agréables.

Un orgasme, c'est l'entente totale entre l'esprit et le corps, en miroir avec le corps de l'autre. C'est une voie qui ne peut s'atteindre que parce qu'il y a lâcher-prise et, dans cet abandon, une confiance sans limite en soi et en l'autre. Un orgaste peut l'accompagner ou… ne jamais arriver et ce n'est pas grave, ce n'est pas une finalité. Il peut y avoir orgaste pendant un viol, ce qui n'est certainement pas un critère de plaisir. La violence des stimulations peut faire réagir le corps pour contrebalancer la peur. C'est une réaction de vie face à la peur de la mort.

L'orgasme nous invite, lui, à prendre le temps. À se délecter d'être soi et à ressentir son corps, à l'aimer et le savourer. Un moment avec soi-même est le premier pas pour vivre l'orgasme : savoir comment nous allons, ce que nous désirons réellement – prendre un bain, se masser… – mais aussi prendre le temps de rêver, de fantasmer et d'imaginer ce qui nous fait envie… Prendre le temps ! Ce temps permet de se découvrir et se doit d'être ritualisé, pour être vécu comme un moment d'exception. Nous pouvons aimer le sexe hardcore ou au contraire le *slow sex*. Quand nous sommes à l'écoute de nos désirs, que nous connaissons notre propre monde érotique et que notre corps est notre propre territoire, alors le sexe devient un espace sacré.

• MÉDITATION •

PRENDRE LE TEMPS

À une époque où le temps s'accélère, où le principe et le genre masculins sont les modèles de référence, le principe et le genre féminins sont amenés à suivre pour ne pas être laissés sur le côté de la route. Pour revenir à un rythme qui nous convient, le sexe conscient est une voie de retour à soi, à ses désirs et à une cadence adaptée à notre physiologie et à nos émotions. Nous sommes fait.es pour vivre au rythme de notre nature physique : des pulsations cardiaques, des clignements d'yeux, des gestuelles, des organes… La matière est lente, dense, elle prend son temps et suit des cycles. Le mental, lui, est associé à l'air, il est rapide, vif et plus subtil. Il file à toute vitesse et peut nous projeter dans un passé nostalgique ou un futur

angoissant. Revenir au corps, c'est revenir à «ici et maintenant», à la temporalité du ressenti : à la récupération des muscles, à la régénération des cellules, à la prise de conscience profonde et intérieure ou encore au simple plaisir d'exister, sans aucune fuite vers l'arrière (passé) ou vers l'avant (futur). Écouter son corps, c'est toujours faire un éloge du présent.
Pour revenir à une sexualité consciente, il faut pouvoir revenir au plaisir de vivre. Ralentir le rythme, mais pas seulement : poser des mots sur ce que nous ressentons permet d'échanger, partager et fluidifier l'échange sans se presser. C'est comme partager un repas en se faisant goûter mutuellement les différentes saveurs plutôt que de dévorer chacun son assiette en tête à tête.

En pratique

L'exploration comprend quatre parties distinctes. Il est amusant de l'expérimenter étape par étape, comme un rituel, avec soi ou avec un.e partenaire. Ces exercices ne concernent pas l'acte sexuel en soi mais convoquent l'ensemble du corps et des émotions pour revenir à soi, avant de passer à une masturbation ritualisée et consciente.

1/ L'immobilité

La première étape peut être un rituel quotidien qui permet de revenir à soi, au rythme très intime de son propre corps. Elle invite à tout arrêter pour lâcher toutes les pressions internes. Êtes-vous capable de rester immobile ? Complètement immobile, sans bouger d'un cil et ce pendant quinze minutes ?
Cet exercice consiste à ne rien faire du tout. Absolument rien. Se retrouver face au vide et le contempler n'est pas aussi simple que cela paraît.

Allongez-vous dans un endroit calme, sur un tapis ou des coussins, les bras le long du corps. Ouvrez légèrement la bouche et détendez-vous, des plis de votre front aux pieds, en passant par vos épaules, votre bassin et vos genoux... Centrez votre attention sur votre respiration, en laissant passer les informations de l'esprit sans vous y accrocher.
Posez votre attention sur votre poitrine, puis sur votre ventre, puis sur votre sexe. Descendez doucement le long de votre corps sans commentaire intérieur. Il est important que vous sentiez votre poids sur le sol. Vous pouvez mettre une musique de fond, des chants d'oiseaux par exemple. N'hésitez pas à enclencher un minuteur sur quinze minutes, le temps de recharger votre corps. Une fois les minutes écoulées, reprenez votre activité normale.
Cet exercice est un vrai cadeau de régénération cellulaire mais également une bonne manière de calmer le mental et de contenir son désir avant de faire l'amour, en le laissant se diffuser entièrement dans le corps.

2/ Le toucher

L'étape suivante concerne notre première médecine, le toucher. C'est notre premier lien affectif : la caresse, le sein de notre mère, le massage... La peau est l'organe le plus grand de notre corps et sa stimulation dès le plus jeune âge assure le bon fonctionnement de nos défenses immunitaires pour le futur. Elle a une mémoire et une intelligence. C'est pourquoi le sens du toucher est très important pour un être humain, sa construction et son rapport au monde.
Passez vos doigts sur votre corps, et prenez conscience de ses parties les plus sensibles. Caressez toutes les parties que vous n'avez pas l'habitude de toucher : sous les pieds, entre les orteils, derrière les genoux, sous les seins, à l'aine... dans les creux et les replis. Cette observation permet de revenir à soi, à sa lenteur, à sa douceur et

à sa peau. Le toucher permet de libérer l'ocytocine et la dopamine associées au plaisir, à la détente et au lien. Vous pouvez procéder à cet exercice en conscience quatre fois par mois :

- pendant vos règles ;
- une semaine après vos règles ;
- pendant votre ovulation ;
- une semaine après votre ovulation.

Vous noterez les différences de sensations dans un carnet qui vous servira à vous familiariser avec votre cycle menstruel. Si vous n'avez pas ou plus de règles, essayez de le faire en suivant les cycles de la pleine et la nouvelle Lune.

3/ Le regard

En 2010, l'artiste serbe Marina Abramović réalise une performance au Moma à New York, dont est tiré un film documentaire, *The Artist is Present*, en 2012. Cette performance consiste à se placer assise, face à quelqu'un, en se regardant droit dans les yeux. Plonger dans le regard de l'autre semble facile, mais c'est un moment très intense qui nous rappelle que notre regard est la porte qui mène à nos émotions. Prenez un miroir et asseyez-vous face à vous-même en immobilisant votre attention sur votre rétine. Vous pouvez enclencher un minuteur sur cinq minutes pour commencer ce plongeon.

Pénétrez dans votre propre regard et surtout ne bougez pas, essayez de ne pas trop cligner des yeux.

Contractez légèrement le périnée et respirez avec le ventre.

Cet exercice nous conduit à nous voir telles que nous sommes, en arrêtant le temps dans cet instant d'éternité. Laissez passer les émotions qui vous traversent sans les juger : « c'est bizarre », « je me sens moche », « j'ai l'air stupide ». Arrêtez de faire tourner votre mental et surtout respirez. Observez comme votre regard est intense, comme votre visage peut changer, bouger.

Après un moment, vous n'êtes plus la même. Pourquoi ? Parce que dans votre regard se cache votre vision de vous-même dans le jugement de « l'autre ».
Les yeux sont le reflet de notre âme. Ainsi, regarder la porte qui conduit à une autre dimension de nous-même est une manière de nous connecter avec l'image que nous avons de nous-même.
Cet exercice peut devenir un jeu avec votre partenaire, une manière d'être dans une connexion particulière. On se « branche » profondément à l'autre, à travers le regard, le toucher, le massage.

4/ La communication

La troisième étape permet d'ouvrir les désirs en joignant la parole aux gestes.
Allongez-vous confortablement dans une pièce où vous ne serez pas dérangée. Verbalisez un désir à voix haute. Cela peut vous sembler étrange, mais les mots dits à cœur ouvert fonctionnent comme des mantras ou des prières qui permettent d'entendre sa propre voix et ainsi de « s'entendre », d'être en accord avec soi.
Pour vous aider, fermez les yeux, posez votre main gauche sur votre ventre (rattachée symboliquement à votre cœur) et votre main droite (rattachée symboliquement à l'action) sur votre cœur.
Prenez trois grandes inspirations par le nez et expirez par la gorge en faisant racler le souffle dans votre gorge au niveau de votre thyroïde (rattachée, elle, à votre parole). Ce souffle nettoie et régule la thyroïde, permettant de libérer sa parole et d'activer la communication.
Dites ce que vous souhaitez vivre. Cela peut être : « une caresse », « recevoir un compliment », « un cunnilingus », « un massage des pieds » ou « une fessée », tout ce que votre ventre appelle à cet instant. Dites-le à voix haute puis imaginez tout bas, dans votre cœur, ce que cela vous fait. Essayez de décrire les sensations, les sentiments que cela éveille en vous.

Imaginez l'action étape par étape. En quoi se transforme votre action, dans votre esprit ? Quelles sensations vous procure-t-elle ? Comment vous sentez-vous après avoir manifesté ce que vous désiriez haut et fort et reçu ce que vous souhaitiez ?

UN JEU À DEUX

Proposez ce jeu à votre partenaire : manifestez-lui haut et fort ce que vous désirez ici et maintenant. Expliquez avec vos mots ce que vous ressentez.
Ce jeu sensitif est puissant s'il est pratiqué à tour de rôle. La parole permet de décrire ce que l'on ressent. Par exemple : « c'est doux » « c'est chaud/c'est froid », « ça chatouille », « ça me fait du bien/ça me plaît moins », « c'est relaxant », « ça me rend dingue », « c'est bizarre » ou « j'en veux beaucoup plus ».

• EXERCICE •

NOURRIR L'ÉNERGIE SEXUELLE

Commencez par prendre une feuille et un stylo, puis plongez dans votre mémoire : quels sont vos plus merveilleux souvenirs érotiques ? Vous pouvez débuter par le plus proche et remonter le temps. De votre dernier orgasme à votre première belle nuit d'amour, la réalisation d'un fantasme bizarre, votre expérience la plus inattendue... Si vous n'avez aucun souvenir mémorable, écrivez tout ce que vous aimeriez vivre et partager. Notez vos fantasmes et vos rêves les plus érotiques.

Prenez un deuxième temps pour commencer une visualisation. Préparez ce moment comme un bain sacré : de l'encens, une bougie, du calme. Et répéter en vous l'intention initiale : « Nourrir mon énergie sexuelle. »

Asseyez-vous sur une chaise, bien droite et pieds nus. Détendez-vous, relâchez vos épaules et décrispez votre visage, cambrez-vous légèrement en collant votre périnée à votre chaise et fermez les yeux, les mains sur les cuisses, les bras relâchés.

Laissez entrer dans votre cœur tous ces précieux souvenirs, fantasmes, accomplis ou non, jeux sexuels joyeux et plaisants.

Maintenant imaginez une coupe en or située au niveau de votre bassin et laissez vos émotions se changer en un précieux liquide cristallin et venir remplir la coupe.

Quand vous sentez que cette coupe est inondée par ces plaisirs, poussez doucement sur votre périnée comme pour amplifier le volume de votre prostate, en visualisant que vous la gorgez de ce précieux liquide.

• EXERCICE •

STIMULATION EN VUE D'UNE ÉJACULATION FÉMININE

1/ Calmer le mental

Éjaculer est à la portée de toutes. Mais avant de pouvoir se lancer dans cette expérience physique et émotionnelle, il faut observer son rapport à l'abandon de soi. En effet, il y a bien l'idée de « se lâcher » et de ne rien retenir dans cette pratique. Pour notre inconscient, cela signifie aussi lâcher tout ce que le corps retient et cela renvoie à de l'incontinence – comme pour l'anus. Le mental peut d'abord s'apaiser en prenant conscience que notre corps n'est pas sale et que de toute façon le liquide prostatique libéré par l'éjaculation féminine n'est pas de l'urine ! Ce n'est pas grave si je « lâche tout », au pire je mouillerai mes draps... et puis ?
Vous pouvez mettre une serviette sur le lit si cela vous dérange, mais cet éjaculat n'a ni odeur, ni couleur particulière.
Si vous avez encore un doute sur votre capacité à vous libérer l'esprit et la prostate, sachez que votre corps sait le faire : il a juste besoin de se reconnecter avec cette partie du corps et ce fluide. Plus vous allez travailler votre masturbation en caressant votre point G, plus vous stimulerez cette partie, et plus elle s'exprimera. N'oubliez pas que la sexualité est un jeu.

Précautions

Avant de se lancer, il faut savoir que la stimulation du point G fait remonter de profondes émotions liées au passé, à des mémoires plus anciennes contenues dans nos cellules, qui peuvent être porteuses d'informations concernant les joies et les blocages de la sexualité des femmes de notre lignée. Il faut savoir se laisser traverser et les accueillir. Cette émotion est la vôtre, laissez-la vivre et s'étendre hors de vous. Elle vous permet de vous connaître encore mieux et de vous dégager de certains blocages.

Mon conseil

Lorsque vous aurez réussi à éjaculer, seule ou accompagnée, je vous conseille de goûter le fluide en posant vos lèvres sur vos doigts après vous être touchée, comme vu au départ avec votre vulve, et plus loin avec le sang menstruel : lorsque nous passons par le goût, nous envoyons une information au cerveau. C'est un acte rituel puissant qui dit à notre inconscient « je m'accepte entièrement ».

2/ Stimulation et libération de l'éjaculat

Où en êtes-vous de votre cycle menstruel ? La meilleure période pour libérer cet éjaculat serait quelques jours après vos règles (jusqu'à deux semaines). Certaines femmes prennent une contraception hormonale qui les bloque, d'autres peuvent être en aménorrhée : observez votre cycle avec la Lune (voir chapitre suivant), mais surtout écoutez votre désir.

En pratique

Masturbez-vous en stimulant votre point G. N'utilisez que vos doigts et ne soyez pas pressée. L'écoute et l'intimité sont indispensables à la connaissance de soi. Glissez-vous dans une excitation sexuelle bien à vous, lentement. Lorsque vous sentez monter en vous cette émotion, visualisez votre point G qui se gonfle sous une délicate pression tactile. Pressez-le et caressez-le en alternant les stimulations selon votre rythme et votre goût.

Insérez deux doigts plus profondément et placez-les de chaque côté de votre point G en faisant rouler la pulpe. Faites attention à bien respirer et vous détendre. Jouez avec la pression de votre périnée, en poussant dessus puis en relâchant. Vous allez sentir que votre vagin s'ouvre, laissez-le faire et visualisez toujours votre point G en train de gonfler.
Lorsque vous sentez l'excitation monter en vous, poussez légèrement sur votre périnée pour appuyer volontairement sur votre prostate. Tenez la poussée quelques secondes, puis relâchez pour reprendre la stimulation.
Alternez stimulation de votre prostate et poussées du périnée tenues et relâchées. N'essayez pas d'éjaculer tant que votre point G n'est pas dilaté.
Quand vous sentez que la sensation s'apparente à une envie d'uriner et que votre point G est plus ferme, alors poussez en retirant vos doigts de votre vagin et en visualisant l'éjaculation sortir de votre urètre. Lâchez votre éjaculation en vous ôtant de la tête que vous êtes en train d'uriner puisque vous êtes bien en train d'éjaculer. Prenez un temps pour admirer la couleur, l'odeur et goûter votre fluide, puis allez uriner quand vous avez terminé.

3/ Exprimez vos émotions

Exprimer sa gratitude envers son corps par le biais d'un acte créatif permet d'ancrer en soi, par la force du symbole, ces moments de joie avec soi-même. Après avoir eu un orgasme, vous pouvez créer un petit rituel bien à vous pour célébrer ce moment. Un acte créatif comme faire un dessin, une peinture, vous écrire une lettre à vous-même pour vous remercier, écrire un mot ou un texte sur votre corps à la peinture, au feutre, chanter, danser, hurler, vous offrir un bon repas… : célébrer ce moment au diapason de votre personnalité, pour vous lier à vous-même. C'est un moment sacré, vivant, drôle, libérateur et profondément juste de se laisser jouir. Bien que vivre une jouissance orgasmique soit déjà un acte rituel en soi, réaliser un acte créatif après est une manière de rendre nos émotions palpables à l'extérieur, de les partager.

· ÉJACULATION FÉMININE ·

• EXPLORATION •

L'EXTASE THÉRAPEUTIQUE

La masturbation permet d'accéder à l'énergie la plus incroyable du corps humain. Ce qui rend la masturbation consciente, c'est de la vivre et de la provoquer pour recharger son corps, voire pour guérir certaines mémoires. En se servant de l'énergie sexuelle comme d'une vibration de vie et d'abondance, nous sommes capables de transmuter la douleur. Lorsque nous avons mal, lorsque nous réfléchissons trop, que notre tête est trop occupée, revenir à soi par la masturbation permet de recentrer son attention et apporte de la joie en nous, physiquement.

En pratique

Prenez un bain chaud ou une douche pour vous détendre, puis mettez une tenue relax.
Allumez des bougies, mettez de la musique.
Installez-vous dans cet espace protecteur.
Maintenant, prenez la météo de votre état émotionnel. Comment vous sentez-vous ? Posez-vous dans l'énergie de votre cœur pour visualiser une situation que vous aimeriez sortir de l'ombre : un projet qui n'avance pas, une relation compliquée, une douleur chronique ou un chagrin d'amour.
Maintenant que vous savez sur quoi vous désirez envoyer votre amour, installez-vous dans vos fantasmes et vos désirs.
Puis masturbez-vous à votre rythme et avec ce qui vous fait plaisir, vraiment. Au moment où vous sentez le désir monter, où votre pouls s'accélère et où vos muscles se tendent, où vous sentez que vous allez jouir ou éjaculer, visualisez une lumière partant de votre ventre et venant illuminer ce que vous souhaitez éclairer.

Envoyez cette information, ce flux, cette onde de choc à votre douleur, à la partie de votre corps, la relation ou la situation à soigner. Les messages de vos hormones qui sont associés au plaisir, à l'amour, à la joie, seront envoyés directement à ce que vous désirez dénouer, alléger ou éclairer. Si votre douleur est physique, massez la partie concernée avec un peu de votre mouille afin de clore le rituel.

ÉROTISEZ L'ANUS

Longtemps attribuée à l'homosexualité masculine, la sodomie est pourtant une pratique qui concerne tout le monde : femmes, hommes hétérosexuels, personnes trans, lesbiennes, hommes gays, femmes « vierges » ou enceintes… Elle relie tous les genres, tous les sexes et toutes les orientations ! Elle est une voie de liberté pure, puisque détachée de toute volonté de procréation et, de ce fait, elle porte dans l'imaginaire culturel l'idée d'une transgression.

La sodomie a été longtemps interdite, condamnée et n'a jamais été citée comme faisant partie des nombreuses sources d'orgasme féminin – et masculin. L'anus est la zone érogène la plus taboue.

Pour les femmes, la sodomie est associée à la prostitution ou à la pornographie et se voit même tarifée plus chère dans les milieux du travail du sexe (prostitution, pornographie, strip-tease en peep-show).

Pour les hommes hétéros, c'est une pratique associée au principe féminin réceptif et, tacitement, recevoir une sodomie serait réservé aux homosexuels. Mais l'anus est ce qui nous rapproche, hommes et femmes de divers univers et orientations, vers des orgasmes communs et des plaisirs androgynes. Il

abolit la différenciation sexuelle et sa puissance transgressive fait de lui, en partie, une zone de plaisir intense ou totale. Les orgasmes anaux sont de loin les plus forts, les plus sauvages, à condition de déconstruire les idées reçues qui lui sont associées : l'humiliation, la possession, la soumission.
La position du receveur renvoie culturellement à la peur de s'abandonner, de se laisser faire, et de « perdre » quelque chose. Il y a également l'idée de se « faire avoir », d'être dépossédé.e de soi-même. « Se faire prendre » induit aussi l'idée que nous sommes démasqué.es : l'abandon total porte avec lui l'idée d'une nudité presque indécente, d'une infidélité face aux rigidités sociales. Comme le point G, cette zone jouissive peut être absente de notre conscience érotique et rester endormie.

• EXERCICE •

RÉVEILLER CETTE ZONE ÉROGÈNE

Cette technique peut être pratiquée sur n'importe quelle partie du corps dotée de tissus érectiles. En effet, ces parties sont interconnectées.
Choisissez donc la zone que vous avez l'habitude de stimuler (clitoris, point G) et caressez-vous comme vous en avez l'habitude. Lorsque vous commencez à être excitée, posez votre doigt lubrifié sur votre anus sans arrêter de vous masturber avec l'autre main et commencez à stimuler votre anus au même rythme.
Caressez l'extérieur, prenez conscience de sa sensibilité et prenez plaisir à le découvrir – en jouant avec votre périnée pour sentir bouger son ouverture.

Une fois que votre désir est au climax, ne portez attention qu'à votre anus, en gardant le rythme précédent.
Puis reprenez la masturbation de la zone principale en même temps. Arrêtez et concentrez-vous sur votre anus… Et ainsi de suite. Les échos envoyés d'une zone à l'autre permettent d'élargir votre éventail de sensations et de réveiller la nouvelle zone.

Les précautions hygiéniques

Une toilette externe avant les caresses ou la pénétration est suffisante. En revanche, vous ne pouvez pas pénétrer votre anus, puis votre vagin, sans avoir nettoyé vos doigts ou vos gadgets sexuels avec de l'eau et du savon. C'est la même chose en couple. Les bactéries présentes dans le vagin ont leur propre territoire, que celles de l'anus n'ont pas à venir coloniser. Pour votre confort, vous pouvez effectuer un petit lavement deux ou trois heures avant le sexe anal.

· POIRE À LAVEMENT ·

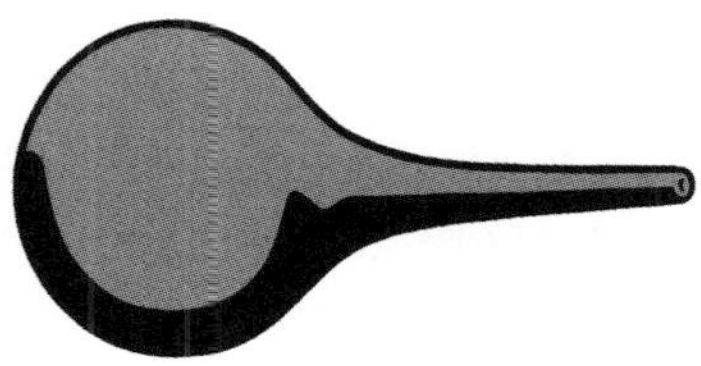

Pour une contraception adaptée à sa nature

LES MÉTHODES INVASIVES

Il est clair que l'esprit est plus apte à jouir sans la peur d'une grossesse non désirée. L'avancée féministe la plus évocatrice en matière de contraception est bien sûr la pilule. C'est un dosage d'hormones (œstrogènes et progestatives) – ou de progestérone seule dans le cas des « minipilules » – qui envoie simplement à l'hypophyse le message de ne plus sécréter d'hormones, lui faisant croire à une grossesse continue. Certaines pilules arrêtent les saignements des règles, bien qu'elles soient censées provoquer des saignements imitant le cycle menstruel. Certaines femmes ne la supportent pas – même si elle convient à d'autres. Hypertension, thrombose, tumeur, stérilité, dépression, prise de poids, perte de cheveux, maux de tête, nausées, infections urinaires et vaginales, les effets secondaires éventuels sont légion, sans parler des problèmes écologiques pour l'eau de notre planète, contaminée par nos urines. Sur le plan vibratoire, la prise de pilule peut amenuiser la poussée érotique. La pilule joue le rôle d'une camisole sexuelle

créant un bouchon muqueux au niveau du col de l'utérus, asséchant le vagin et rendant les rapports douloureux. Le désir sexuel comme le désir de construire des projets de vie ou de famille peuvent être affectés puisque le corps se croit en perpétuelle création.
Une fois la pilule arrêtée, les cycles se régulent au bout de quelques semaines et l'énergie reprend son pouvoir.
Parmi les méthodes contraceptives, citons l'anneau, l'implant ou le stérilet progestatif, qui empêche la nidation de l'embryon. Les femmes égyptiennes furent les premières à l'utiliser. Il peut devenir intrusif pour le corps au fil du temps, et exige d'être remplacé tous les deux ans. Certaines le supportent alors que chez d'autres, il peut provoquer infections, irritations et inflammations, ou des saignements abondants. Il peut également être à l'origine de grossesses extra-utérines.

CONTRACEPTION MÉCANIQUE ET NATURELLE

Vivre dans son corps, c'est le comprendre, l'écouter et le connaître. Autrement dit, vivre en harmonie avec ses rythmes. La contraception mécanique ou naturelle nécessite une écoute de son corps, de ses émotions et de ses cycles. Elle engage la responsabilité et la confiance du partenaire, et peut être une stratégie de conception : choisir le meilleur moment pour faire un enfant.
C'est un ensemble de combinaisons qui doivent être pratiquées avec discipline, et qui nécessitent un mode de vie sain et le désir de se connaître.

LE RETRAIT

Bon nombre de femmes en couple pratiquent le retrait. Pour ma part je le pratique depuis maintenant onze ans. Pour que la méthode soit efficace, il faut le pratiquer tout le temps, sans exception, une minute avant l'éjaculation. S'il y a plusieurs rapports, il faut attendre entre chacun. Si le partenaire urine entre chaque rapport, il élimine toute possibilité de fécondation. Le sperme peut se répandre sur d'autres parties du corps, de manière tout aussi joyeuse, sans compter que la pénétration vaginale n'est pas la seule voie d'accès à la sexualité. Le retrait convient plutôt aux couples stables.

LA SYMPTOTHERMIE

C'est une méthode d'observation du cycle qui permet de gérer à la fois la contraception et la conception. Elle permet de mieux comprendre les phases d'alternance du cycle et de détecter l'ovulation afin de se reconnecter à son corps, et de gérer sa fertilité. Une fois que le lien est établi et qu'elle est pratiquée correctement, elle est fiable à 98 % d'après l'OMS.
L'observation du cycle se base sur la température quotidienne et l'observation de la glaire cervicale, qui n'a pas la même consistance d'une phase cyclique à l'autre. Grâce à ces observations, nous sommes capables de différencier la phase œstrogénique de la phase progestative pour savoir quand l'ovulation a lieu.

1/ La température

Il faut la prendre le matin, au réveil. En effet, la température du corps féminin varie d'une phase cyclique à l'autre. Avant l'ovulation, elle est assez basse, puis chute légèrement après l'ovulation avant de remonter. Les variations sont dues aux sécrétions de progestérone qui se jouent à 0, 5 °C et permettent de déterminer où nous en sommes. Attention toutefois de prendre la température dans de bonnes conditions : il ne faut pas être malade, prendre de médicaments ou avoir fait un effort au réveil. La température se prend donc avant de sortir du lit.

2/ La glaire cervicale

Ce fluide situé à l'entrée de l'utérus, au niveau du col, est également un indicateur précis pour connaître les phases du cycle. Au moment de l'ovulation, la glaire va changer de texture afin de permettre le passage des spermatozoïdes. On l'observe en allant simplement aux toilettes : elle est plus humide et élastique que pendant le reste du cycle du fait d'une sécrétion de chlorure de sodium et de glucose dans le mucus cervical.

La symptothermie met en lumière de nombreux paramètres qui ne sont pas forcément enseignés à l'école ou expliqués par les médecins. Elle prend en compte la durée de vie d'un ovule (environ cinq jours), celle d'un spermatozoïde (une semaine quand la femme est fertile, sinon quelques heures) et des cycles qui ne font pas exactement vingt-huit jours. Ces paramètres correctement alignés et assimilés au quotidien permettent une observation optimale et une connaissance intime de soi.

LA CONTRACEPTION MASCULINE

La contraception masculine existe depuis longtemps. Bien que, par manque d'intérêt commercial, aucun laboratoire pharmaceutique n'ait mis en place de traitement spécifique, des hommes ont recours au retrait, au préservatif – utilisable pour tous types de rapports, sans forcément être en couple –, à la vasectomie, à l'injection d'hormones, au slip chauffant ou à l'anneau thermique.

Depuis la mise en lumière des féministes sur la charge mentale des femmes au sujet de la contraception, de ses effets secondaires, ou face à des expériences douloureuses d'avortement, davantage d'hommes souhaitent prendre leur contraception en main. Certains manifestent le désir de se dégager du modèle de « mâle performant » pour revenir à leur corps, à leur sensibilité et leur sexualité. D'autres souhaitent simplement l'équité hommes-femmes. Des associations françaises telles que ARDECOM[1] ont permis de développer la recherche sur la contraception masculine dans une volonté de libérer tout le monde. Aujourd'hui des collectifs comme Thomas Bouloù ou les GARCON[2] sont actifs dans la diffusion d'informations concernant la contraception, et proposent des ateliers de création de slips chauffants.

1. Association pour la recherche et le développement de la contraception masculine : http://www.contraceptionmasculine.fr/historique-dardecom/.

2. « Tomma Boulou » signifie « Remonte-couilles » en breton et est un collectif du Finistère. GARCON signifie Groupe d'action et de recherche pour la contraception. C'est une association créée en 2019 et située à Toulouse. Les deux sont engagés dans la diffusion des moyens de contraception masculine.

La vasectomie a été interdite jusqu'en 2001. Elle n'empêche pas l'éjaculation mais bloque les canaux déférents pour empêcher les spermatozoïdes de se mélanger au liquide spermatique. Cette méthode temporaire peut devenir permanente si les canaux sont ligaturés, en fonction de la demande. C'est une petite opération sous anesthésie locale, et en partie remboursée. Elle n'a pas de conséquences sur la santé ni sur la sexualité.

L'injection hormonale – d'un dérivé de testostérone (l'énanthate) – se fait en intramusculaire, une fois par semaine. Elle a été validée par l'OMS comme étant sans risques pour la santé mais, comme la pilule pour les femmes, elle peut avoir des effets secondaires.

Le slip chauffant est un sous-vêtement qui remonte les testicules afin de les plaquer contre le corps pour que ceux-ci soient maintenus à 37 °C au lieu de 34 °C. Ces trois petits degrés sont très importants dans la spermatogenèse. Ce slip est proposé à des couples stables par son créateur, le docteur Mieusset. Des collectifs en fabriquent et proposent des ateliers. Cette méthode n'a de conséquences ni sur la fertilité[1], ni sur la sexualité.

L'anneau thermique a été inventé par Maxime Labrit, un infirmier. Il fonctionne comme le slip chauffant et remonte les testicules. Comme ce dernier, il a besoin d'être porté au moins quinze heures d'affilée par jour pour être efficace.

1. D'après les associations concernées, l'utilisateur le plus ancien du slip chauffant (quatre années) n'a rencontré aucun effet secondaire sur sa fertilité. En effet, le nombre de spermatozoïdes revient à la normale quelques mois après l'utilisation. Comme la pilule, mais en beaucoup moins invasif pour le corps, le slip chauffant demande au corps une réadaptation de son cycle naturel, mais ce n'est que temporaire.

Les messagers divins : les hormones

Les hormones sont des substances transportées par le sang qui vont agir sur un autre organe. En fonction de notre âge, de notre cycle, de notre environnement et de notre sensibilité, elles n'ont pas les mêmes messages à nous transmettre. Ce sont des messagers, comme pourraient être les anges : elles guident et favorisent nos désirs et nos relations au monde, et permettent de faire le lien entre le monde « d'en bas » et le monde « d'en haut », notre corps et notre esprit, le Ciel et la Terre.
L'hormone n'est pas souvent comprise comme une voie d'éveil. Notre culture dualiste la renvoie à une mécanique du corps, qui « fonctionne » ou « ne fonctionne pas ». Un dérèglement hormonal peut être un indice qui pousse à revenir à un équilibre de vie, à sa nature instinctive – arrêter de fumer, changer d'alimentation, faire du sport ou écouter sa colère. Coupées de cette voie, nos hormones peuvent devenir des « anges déchus » et faire de notre réalité sensible un enfer à cause des médicaments, des hormones de synthèse, du manque de lumière ou d'iode…
Les hormones répondent à des besoins primaires en agissant sur la reproduction, notre sommeil, notre survie.

ŒSTROGÈNE & PROGESTÉRONE

Durant les phases du cycle, ce sont les hormones ovariennes qui vont agir sur les organes sexuels, mais aussi sur les glandes du cerveau, l'hypophyse et l'hypothalamus. Ensemble, elles vont rythmer le cycle menstruel et préparer l'utérus à l'ovulation et à une éventuelle grossesse. Produits en grande quantité dès le début du cycle, les œstrogènes permettent à l'endomètre de s'épaissir. Ils peuvent modifier la taille des seins, la consistance de la glaire cervicale et la forme de l'utérus.

Quand la production atteint son apogée, l'ovulation est déclenchée par l'hypophyse. La progestérone arrive dans un second temps. Grâce à elle, l'endomètre se prépare en multipliant les vaisseaux sanguins destinés à nourrir le futur embryon. Tout ce processus implique une coordination entre le mode de vie, les émotions, l'alimentation et le sommeil.

Les hormones sont responsables de l'énergie sexuelle.

- La testostérone vient emballer le désir.
- Ce désir entraîne de la dopamine qui va provoquer une certaine euphorie.
- Cette euphorie génère plus de testostérone, qui va favoriser l'envie de toucher.
- Le toucher va développer un sens du contact, de l'odeur, de la proximité et de la protection,
- ce qui va faire croître l'ocytocine, hormone du lien et de la détente.
- Cette détente va induire une dilatation des muscles vaginaux,
- puis une augmentation d'œstrogènes, qui favorise la lubrification vaginale…

Ainsi, il se pourrait que ce ne soit pas l'ovulation qui entraîne le désir sexuel, mais bien l'inverse ! Tout ce procédé entraînera le pic d'œstrogènes qui sera à l'origine de l'ovulation. À l'inverse, une pression trop forte, du stress et de l'angoisse peuvent empêcher l'ovulation. À un degré de stress trop important en revanche, le corps va, à l'inverse, déclencher l'ovulation pour créer la vie. Ainsi, dans le cas d'une grossesse suite à un viol, l'ovulation répond à un élan de vie face à la peur de mourir sous le coup du choc, de la violence et de la peur.

LA TESTOSTÉRONE : L'HORMONE DE TOUS LES GENRES DE DÉSIR

Un taux anormalement bas est responsable des dépressions, d'un manque de motivation ou d'une baisse de libido. Paul B. Preciado, pionnier de la théorie queer en France, réalise une performance expérimentale[1] en prenant de la testostérone chimique durant deux cent trente-six jours. Son objectif est de renverser la binarité installée dans notre physiologie et nos sexualités. En effet, pour lui, le capitalisme est entré dans nos chairs, faisant de nos corps des espaces contrôlés par la « pharmacopornographie ». Il suffit de voir comment la prise de pilule, imposée comme seule voie de « liberté sexuelle » dans l'éducation, « fabrique » des corps féminins répondant à des normes. Certaines pilules sont même prescrites uniquement pour leurs effets cosmétiques : réduire l'acné, le sébum capillaire, supprimer les saignements menstruels ou augmenter le volume des seins. En effet, selon la psychiatre Julie Holland, le problème est que les compléments hormonaux et les pilules contraceptives

1. Il en témoigne dans un ouvrage philosophique et politique intitulé *Testo Junkie: sexe, drogue et biopolitique*, paru chez Grasset & Fasquelle en 2008.

« abaissent le taux de testostérone libre en augmentant celui de la SHBG, la protéine qui se lie à cette hormone[1] », ce qui abaisse considérablement l'expression créative, le désir sexuel et coupe l'animalité instinctive. Mais comme la testostérone est aussi responsable de la pilosité et des changements de voix en fonction du cycle, elle n'est pas valorisée chez les femmes par la société patriarcale. La production de testostérone s'entretient avec le sport et l'activité sexuelle, et par une alimentation équilibrée riche en vitamine D (avocat, œufs, certaines huiles)… mais aussi par les bains de soleil.

LE TROISIÈME ŒIL : LA GLANDE PINÉALE

Le contact avec l'extérieur et encore plus avec la Nature régule les cycles et reconnecte à l'essence de soi-même. Sans ce contact, nous pouvons sombrer dans la folie ou même perdre nos repères puisque nos vies alternent les rythmes diurne et nocturne et les rythmes saisonniers. En lien avec la lumière, l'ovulation en est la plus puissante manifestation. Le cycle entier est perturbé lorsque le contact avec l'extérieur ne se fait pas ou que la lumière de la Lune est absente. Il semblerait, par exemple, que les femmes qui habitent dans les régions situées au-dessus du cercle polaire aient des cycles perturbés pendant l'hiver. D'un autre côté, celles qui vivent dans les régions arctiques ovuleraient « plus d'une fois par mois pendant

1. Julie Holland, *Nos humeurs de chiennes. Sexe, hormones, sommeil, médicaments… La vérité sur tout ce qui nous rend dingues !*, éditions Robert Laffont, coll. « Réponses », Paris, 2016, p.129. [Titre original : *Moody bitches : the truth about the drugs you're taking, the sleep you're missing, the sex you're not having and what's really making you crazy*, Penguin Press, New York, 2015.].

l'été[1] ». Les deux confinements que nous avons vécus en mars et novembre 2020 le confirment à notre niveau : les cycles sont perturbés par le stress de la situation certes, mais également par la sédentarité et la coupure avec la lumière pour les personnes qui vivent en ville. C'est grâce à la production de mélatonine que nous pouvons nous orienter dans le temps et avoir un cycle régulier, que ce soit pour notre sommeil, pour notre alimentation ou notre reproduction. Cette production est influencée par la perception de la lumière directement par la rétine et elle augmente dans l'obscurité, afin de faciliter l'endormissement. La mélatonine est produite par une petite glande située au cœur du cerveau : la glande pinéale. Cette glande correspond soit au point d'énergie du chakra Ajna, situé légèrement au-dessus et derrière les yeux, soit au dernier chakra, appelé « Couronne ». Elle produit aussi une substance appelée diméthyltryptamine ou DMT, sécrétée lors des rêves, visions médiumniques ou chamaniques. Il n'est pas rare d'avoir des visions ou de faire des rêves étranges, lors de la phase prémenstruelle du cycle par exemple, un moment où chute la progestérone, responsable d'un sommeil réparateur. Présente pendant la grossesse grâce au placenta, la progestérone chute aussi juste avant l'accouchement. Le point commun entre ces deux expériences est une modification de la conscience de soi. Certaines femmes ont des visions fortes pendant leur accouchement. Même si la variation de DMT est infime, il se pourrait que durant ces phases nous soyons plus aptes à entrer dans un processus purement et profondément mystique où les sensations, les visions et le monde intérieur prennent une

---

1. Louise Lacey, *Lunaception : du corps, des femmes, de la contraception*, éditions l'Étincelle, coll. « La Nouvelle Médecine », Montréal, Québec, 1984, p.114. [Titre original : *Lunaception, a féminine odyssey into fertility and contraception*, Choward, Mc Cann and Geoghegan, New York, 1976].

place plus importante. La notion de temps, que ce soit pendant les rêves ou pendant l'accouchement, n'existe plus. Il n'y a plus ni passé ni futur, mais un espace illimité. C'est pourquoi il est important, surtout durant l'accouchement, de respecter ce moment d'intemporalité, précieux pour laisser la chimie des hormones naturelles se produire sans intervention extérieure. Pour cela, il faut du calme et de l'intimité…

L'OCYTOCINE : HORMONE DE L'AMOUR

Cette hormone est la base de notre vie affective, amoureuse, familiale et sociale. À chaque instant, nous la recherchons. Elle est dans nos regards, nos caresses, nos baisers, nos sourires, nos jouissances, mais elle ne se manifeste que si nous lui en laissons la possibilité dans une atmosphère de sécurité et de protection. Elle culmine au moment de l'orgasme. Elle est à l'origine du lien mère-enfant, facilite l'accouchement et l'allaitement. Comme le rappelle Michel Odent dans *Fonctions des orgasmes : l'origine de l'amour en question*[1], l'ocytocine ne peut pas être produite sous la contrainte. Ses récepteurs sont partout dans le corps : la peau, le cœur, le sang, le goût, l'odorat, l'ouïe, la vue, et bien sûr le toucher… L'imagination créatrice et la mémoire sont à la fois responsables de sa diffusion et impactées par sa sécrétion. Elle nous inspire sentiment d'attachement, complicité et confiance. C'est l'« hormone de l'amour ». Jamais sécrétée isolément et facilement inhibée

1. *Fonctions des orgasmes : l'origine de l'amour en question*, Paris, Jouvence Éditions, 2010 ; réédition, Paris, Le Hêtre Myriadis, 2018.

par notre monde stressant, elle existe depuis des millions d'années, permettant nos sentiments de satiété, nos rapports humains, nos accouchements sereins, voire extatiques. Comme le souligne la professeure suédoise Kerstin Uvnäs Moberg, la recherche scientifique néglige sa valeur, s'intéressant davantage à la compréhension de la douleur et du stress, ce qui est révélateur d'un idéal culturel basé sur la performance.
La méditation, la relaxation ou le yoga sont autant de voies pour favoriser sa sécrétion car ils favorisent l'absence de stress et de cortisol, une hormone incompatible avec l'ocytocine. Le cortisol provoque l'arrêt des contractions favorables au bon déroulement du travail dans l'accouchement, envoyant au cerveau reptilien l'information d'un possible danger pour le nouveau-né.
L'ocytocine est à la fois timide et puissante : elle a besoin d'attention pour être sécrétée, mais une fois qu'elle est présente, elle dure et elle touche tout l'entourage.

L'ADRÉNALINE

Un stress bien dosé permet de défendre son clan ou sa famille, comme le fait une femelle du règne animal. Associé à un environnement social, amical ou amoureux, le stress peut devenir moteur de créativité tandis qu'un isolement le rendra néfaste, voire destructeur. L'adrénaline est sécrétée durant les activités physiques, l'activité sexuelle ou l'accouchement. Cependant, elle ne doit pas dépasser un certain seuil au risque de couper le désir ou le travail de l'accouchement, puisqu'elle est l'hormone des sensations fortes. Elle nous encourage et nous permet de nous surpasser mais aussi nous pousse à nous enfuir ou à nous défendre si le danger se fait sentir.

Elle modifie le rythme cardiaque et la pression artérielle pour inciter au mouvement, dilate les bronches et les pupilles pour permettre de mieux respirer et de mieux voir. Sa puissance permet la sécrétion d'endorphines.

L'ENDORPHINE

C'est une morphine naturelle qui a un effet analgésiant. Elle permet de vivre des moments intenses et se manifeste par exemple lors d'un orgasme, d'une activité sportive, ou d'un accouchement. La magie de cette hormone réside dans le fait qu'elle nous fait « passer » un cap, elle nous permet de nous dépasser et renforce le sentiment de réussite qui déclenche la production de dopamine.

DANSER
SUR
SON PROPRE
RYTHME

La nature humaine n'est pas différente de la Nature tout court : nous sommes mouvement, cycles et changement perpétuel. Homme ou femme, personne n'échappe à la puissance du mouvement, et c'est d'ailleurs notre problématique première : nous cherchons à garder, enfermer et pérenniser ce que nous avons, tandis que la vie s'évertue à nous dire « laisse couler ! ». La Nature est plurielle, incontrôlable et changeante comme nos corps, qui sont le résultat de ses opérations d'abondance et de pluralité. Associer culturellement les femmes à la Nature est une manière patriarcale de les contrôler car jusqu'à présent, pour créer la culture, nous cadrons la Nature jusqu'à épuisement. Mais même l'inhumanité est de nature humaine et donc… issue de la Nature.

Pour sa part, notre nature mérite d'être respectée au même titre que la nature qui nous entoure. Nous avons appris jusqu'ici à la dompter afin qu'elle ne nous mette pas en péril dans ce monde où nous nous enfermons dans un rythme collectif. Nous la voyons comme notre chaos intérieur, alors qu'elle n'est que puissance et mouvement. Si nous apprenons à la connaître et à la respecter et si nous l'aimons comme elle est, cette nature devient un terrain favorable pour faire croître notre confiance en nous. Nous vivons aujourd'hui une grande traversée de changement et surtout de ras-le-bol. L'affrontement des polarités telles que « Culture-Nature », mais également « Féminin-Masculin », « Corps-Esprit » semble être remis en question par beaucoup de personnes en recherche d'une unité et d'une réconciliation, intérieure comme extérieure. Cela passe aussi par la remise en cause des idées reçues à propos du sang menstruel et des cycles de la physiologie féminine. Ce sang, qui était jusqu'ici caché, ignoré, honteux, est aujourd'hui libéré, interrogé, voire sacralisé, mis au premier plan, réinterrogé par la science, les féministes, les artistes... C'est la voie de notre essence humaine qui est remise au goût du jour parce que ce sang, c'est l'état primitif de notre humanité.

Le cycle de la Lune

Nos corps sont la vie incarnée : ils sont à la fois forts, résistants et puissants, au même titre que sensibles et vulnérables. Nos corps sont pluriels, changeants d'un jour à l'autre, d'une relation à l'autre. S'aimer signifie donc s'accepter avec toutes ses phases émotionnelles : joie, peur, tristesse, colère, extase ou amour. Notre cycle porte en lui toutes ces phases : son dynamisme engage notre expérience créative, spirituelle et intellectuelle jusque dans ses moindres réactions. Dire que le cycle menstruel ne change pas nos émotions est faux : pour s'intégrer à une société masculine, beaucoup de femmes ont dû mentir, tricher, cacher, oublier qu'elles avaient des règles, parfois même jusqu'à en souffrir en silence. Voir notre cycle dans son intégralité et en fonction des phases lunaires et solaires mais aussi en fonction de notre propre « terre » – celle de nos familles respectives, de notre histoire et de nos liens de sang – est une voie de pardon envers nous-même. Il y a un véritable lien entre l'infiniment petit et l'infiniment grand puisque paradoxalement, plus nous traversons et vivons nos émotions les plus profondes et les plus intimes sans nous mentir, et plus nous sommes en paix avec le monde extérieur, en accord avec les grandes lois cosmiques.

L'ÉNERGIE ARCHÉTYPALE DE LA MÈRE COSMIQUE

La Lune enchante et séduit depuis la nuit des temps. Elle est notre boussole dans la nuit : ses cycles infiniment changeants nous influencent et nous rappellent notre impermanence et nos humeurs. C'est un satellite qui tourne autour de la Terre et qui reflète la lumière du Soleil. Sa face visible est toujours la même, puisque sa période de rotation est identique à sa période orbitale. Ses cycles en revanche, nommés « lunaisons », sont de 29,5 jours et se scindent par étapes, que sont les « pleines » et les « nouvelles » lunes. Sa forme varie d'un jour à l'autre. Dans les traditions ésotériques et en astrologie, la Lune est associée à la sensibilité et aux émotions. Dans le tarot de Marseille, « La Lune » est l'arcane XVIII, appelée aussi la « Mère cosmique », et nous parle de gestation, d'attraction maternelle, maternante et quelquefois angoissante, d'illusions et de profondeurs intérieures. Elle est également considérée comme étant l'Inconscient personnel mais aussi collectif, tel que l'entend le psychanalyste Carl Gustav Jung. Elle représente le principe féminin et l'aspect « négatif » de l'être, l'ombre de chacune et chacun. La Lune est une énergie qui connecte tous les êtres et nous renvoie à nos racines et à notre propre notion de foyer et de sécurité, puisque notre foyer primitif est… l'utérus de notre mère, mouvementé par les lunaisons. Ses phases changeantes ont un impact sur notre monde intérieur. Plus la Lune est pleine, plus nos émotions le sont. Elle influence notre chair et ses ressentis profonds et incarnés. Son mouvement autour de la Terre et sa puissance induisent un effet sur nos corps composés d'eau à 60 % ; mais également sur le corps de notre planète bleue composée également d'eau à 70 %. Ainsi, la Lune régule les cycles menstruels mais aussi les accouchements. Elle provoque la montée des eaux par son effet gravitationnel sur les océans, ce qui nous conduit à des effets de pression et de dépression sur l'ensemble du climat. Nos corps sont également reliés au climat, et la mère cosmique comme les cycles lunaires nous influencent intérieurement. Ainsi, depuis mon adolescence j'entends ma grand-mère dire que pour calculer le terme d'un bébé à naître, il ne faut pas compter les mois du cycle, mais bien « neuf lunes noires ». Le travail des accouchements commence souvent en pleine nuit. Le mythe du loup-garou s'est construit autour d'une métamorphose, un soir de pleine Lune. Notre sommeil peut en être perturbé et l'agitation palpable à tel point que les taux de criminalité sont plus élevés ces nuits-là. Ces pics émotionnels stimulent notre créativité en vue de moduler notre sexualité.

Loin d'être destinée à la simple reproduction de l'espèce, la sexualité est une manifestation de soi et un langage singulier que nous pouvons apprendre à articuler en observant nos phases cycliques. Les rythmes hormonaux du cycle féminin sont composés de quatre phases distinctes et régulés en fonction de la lumière lunaire. Bien qu'ils ne fassent pas vingt-huit jours exactement, cycle lunaire et cycle menstruel se font écho. Ce sont des unités de mesure ancestrales qui peuvent, si nous prenons la peine de les observer en conscience, devenir un formidable repère pour notre quotidien.

SANG DE LUNE

Le sang utérin est nécessaire pour construire l'embryon que nous sommes au départ : il nous crée, nous façonne, nous nourrit dans le ventre de notre mère. Il est même fort probable que ce soit sa puissance qui effraie, dégoûte ou révolte. D'ailleurs, le terme « menstruations » fait écho au terme « menstruum » ou « menstrues », ce dissolvant spécifique à l'alchimie, qui aurait le pouvoir de rendre à tout corps sa « materia prima ». C'est une liqueur d'abondance, portant à la fois en elle la Vie et la Mort, le pouvoir de créer et de détruire. Ce sang condense en lui l'information primitive de notre essence, il est l'élixir de notre incarnation, l'argile qui nous sculpte, la souche et la source. Mais si l'incarnation ne se fait pas, alors cette substance s'écoule et devient « menstruelle », c'est-à-dire visible. Proche du mot « monstrarer » qui veut dire « montrer, indiquer » mais également de « menses » qui signifie « mois », et dont la base primitive vient du mot « Lune ». Au fil du temps, ces menstruations sont devenues « menstruosités », cachées par la culture et invisibilisées, alors que dans les anciennes civilisations, elles étaient célébrées. Qu'il s'agisse de Pâques ou Noël pour les catholiques, de Ramadan pour les musulmans ou des

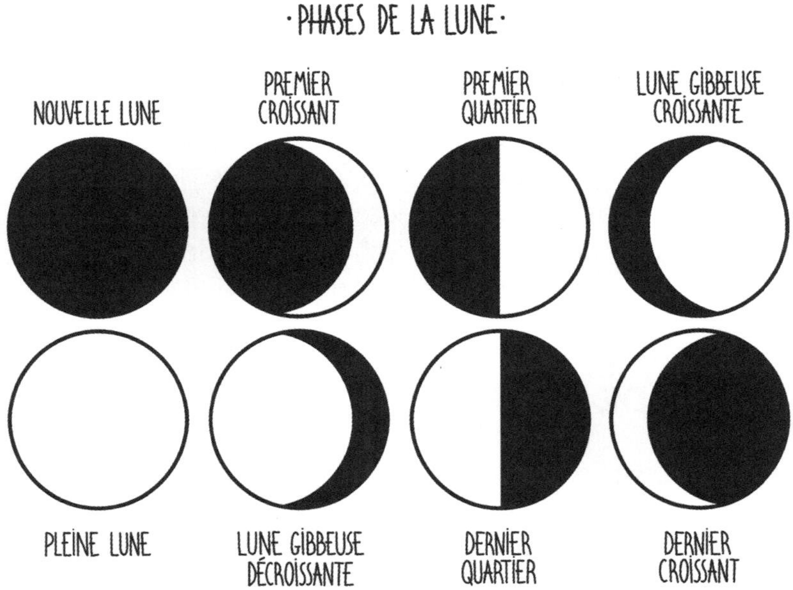

nombreuses fêtes juives, les festivités religieuses commencent à la tombée de la nuit ou sont calculées avec la pleine Lune. Nos calendriers portent donc la survivance des célébrations païennes qui se servaient de la Lune comme unité de mesure. Celles-ci prenaient appui sur les rythmes et les cadences diurnes et nocturnes afin de suivre les lois cosmiques. Ainsi, face à ces grands moments, le corps entre en action par de grands nettoyages, des jeûnes et des repos, et crée la culture, l'agriculture, l'art, l'artisanat, l'éducation, l'organisation des armées, la chasse, le commerce, la politique… Dans les religions païennes, c'étaient les déesses qui enseignaient et favorisaient cette voie culturelle.

Puisqu'elles permettaient de faire le lien entre le corps de l'humanité et celui des astres, les menstruations étaient la preuve de notre rapport avec le pouvoir cosmique et divin. Chaque femme est donc porteuse des énergies du divin puisqu'elle est capable de donner la vie, de nourrir et de créer, qu'elle le matérialise ou non. La coupure que les femmes subissent avec leur propre corps à l'époque actuelle est une conséquence des dogmes de la religion dominante qui, au fil des siècles, a coupé les femmes de leur spiritualité « naturelle », leur imposant une seule manière de penser, de prier et de croire. Ne pouvant exprimer leur propre conception du sacré et encore moins la manifester dans la matière – par des célébrations et des rituels –, les femmes se sont contentées de suivre les règles, non pas celles de leur corps, mais celles des religions des hommes. Cachant leurs corps et leurs sangs – ceux des accouchements, des fausses couches, des avortements, des menstruations –, elles ont dû s'adapter et continuer à être performantes dans une société qui a toujours tiré profit de leur physiologie sans en respecter l'entière l'existence.
Même si nous sommes profondément connectées à la Lune, son attraction gravitationnelle en tant que telle ne joue qu'un rôle mineur sur le cycle féminin et sur la reproduction des espèces. Sa lumière permet en revanche la synchronisation des phases et renforce notre horloge interne. La nouvelle Lune, période où la lumière de la Lune n'est pas visible de la Terre, invite à une plongée en soi et à un renouveau. Puis, le croissant ascendant la redessine jusqu'au climax de la pleine Lune où sa visibilité devient un repère temporel et collectif. Ces phases du calendrier lunaire correspondent aux montées et descentes hormonales qui font le cycle menstruel, allant d'une période à l'autre : des menstruations (la phase de la nouvelle Lune) à l'ovulation (la phase de la pleine Lune), tout en traversant les

périodes de transformation que sont la pré-ovulation (phase de Lune croissante) et la période prémenstruelle (phase de Lune décroissante).

LE CONTE MENSTRUEL

L'artiste et thérapeute Miranda Gray, auteure de l'ouvrage *Lune Rouge*[1], propose de suivre les quatre phases du cycle à travers un journal ou cadran lunaire en récoltant un maximum d'informations quotidiennes sur notre état émotionnel, créatif, sexuel, intuitif et physique. Cet exercice a pour but de développer un « mieux-être » personnel, puisqu'en observant son corps, ses variations et ses changements, il est possible de se relier à soi-même comme à un savoir ancestral oublié. En y associant pour chacune un archétype, il ouvre une véritable porte d'accès à notre inconscient, permettant ainsi une meilleure connaissance et conscience de soi. Les images-sources que sont la Vierge, la Mère, l'Enchanteresse et la Sorcière, permettent de donner une forme, une couleur et une saveur à chaque période du cycle, afin de mieux la décrire. Familières à notre imaginaire culturel, ces images font référence aux quêtes initiatiques que propose ce conte. L'histoire du conte permet à l'inconscient de reconnecter avec des images ancestrales dont il est déjà porteur et de réveiller en nous des énergies enfouies, dans le but de reconnecter avec ces vibrations pour les vivre en conscience. Porteur de sens et de révélations intérieures, le conte est un véritable

1. *Lune Rouge. Les forces du cycle féminin*, Macro Éditions, coll. « Le Jardin d'Ève », Paris, 2020

espace de créativité de soi puisque, d'après la psychologue Marie-Louise Von Franz, à l'origine les contes étaient des rêves racontés oralement. C'est cette oralité qui permettait de relier ces représentations archétypales à l'inconscient, comme un rêve que l'on transcrirait au réveil. Ainsi, le conte – comme le rêve – met en scène plusieurs facettes de soi en se servant de l'identité de plusieurs personnages. Les figurants sont autant de miroirs de soi-même et permettent, par leur vibration, de mener la quête initiatique à bien. Remettre les archétypes au centre de notre vie, c'est réintégrer cette responsabilité sur ce que nous incarnons au quotidien, et c'est aussi reprendre la place de l'héroïne ou du héros dans notre vécu.
Ici les phases de changements physiologiques et émotionnels du cycle menstruel peuvent être traduites, dans le monde du conte ou du rêve, par des phases de transformation des femmes en créatures célestes ou terrifiantes, d'humaines en animales, ou de vieilles dames en jeunes filles. Poser un nom sur ces vibrations changeantes, c'est déjà les reconnaître et les intégrer dans notre vie, pour mieux les accepter, les vivre et les aimer. Parce que si notre cycle peut s'avérer douloureux et complexe à vivre, à l'inverse, il peut permettre de nous révéler à nous-même et favoriser notre créativité.

1/ La période pré-ovulatoire, le regard visionnaire

C'est la période durant laquelle un follicule en phase de maturation – agrégat de cellules contenues par l'ovaire et contenant les ovocytes – libère suffisamment d'œstrogènes pour stimuler la paroi utérine et les seins. Cette période est appelée « phase de la Vierge » car elle correspond à la période post-menstruations, quand le cycle recommence, le sang ayant emporté les mémoires du précédent. Cette période est idéale pour accueillir un nouveau projet car elle favorise un certain dynamisme. Nous sommes plus concentrées, déterminées et efficaces. La sexualité est enthousiasmante, et le plaisir est la priorité. La joie et la légèreté prennent le dessus et l'environnement extérieur est agréable. C'est une phase de changement qui, dans le cadran lunaire, peut renvoyer à une Lune croissante.

2/ La période ovulatoire, l'ouverture du cœur

Elle correspond à peu près au quatorzième jour du cycle. C'est le moment où le follicule devient un corps jaune et libère à la fois de la progestérone pour préparer l'utérus, et de l'œstrogène. Cette phase correspond aux énergies de la « phase de la Mère », car s'il y a fécondation de l'œuf, il y a grossesse. S'il n'y a pas de fécondation, les taux d'hormones baissent et le corps jaune dégénère. Cette énergie correspond à celle que l'on attribue inconsciemment aux mères : attention envers les autres, soutien et partage. La sexualité est tournée vers l'amour et l'harmonie et, au niveau créatif, il y a une volonté de productivité, de responsabilité mais également d'entraide. C'est une phase charnière et nourrissante qui, dans le cadran lunaire, peut renvoyer à une pleine Lune.

3/ La période prémenstruelle, la magie intuitive

C'est la phase du cycle où le taux de progestérone baisse puisque l'œuf n'a pas été fécondé. Cette chute d'hormones peut être accompagnée de symptômes physiques et émotionnels intenses chez certaines. Elle correspond à la phase de « l'Enchanteresse » qui génère une fougue particulière, associée à une créativité intense mais très intérieure. Cette introspection peut stimuler un certain mysticisme, une intuition exacerbée et des rêves intenses. Cette phase de changement correspond à une Lune descendante dans le cadran lunaire.

4/ La période menstruelle, la vie spirituelle

Enfin, si l'œuf n'a pas été fécondé, la progestérone a chuté, et la muqueuse utérine se dégrade afin de libérer le sang des parois de l'endomètre. C'est la phase «Sorcière» parce que son énergie est puissante, profonde et plus primitive. Dans l'ouvrage *Lune Rouge*, cette période est considérée comme un moment de calme, de retour à soi, mais pour certaines, c'est une énergie pure faite de créativité, d'expression libre et de désirs puissants. N'est-ce pas le moment où l'on dit réellement ce que l'on pense? Niveau sexualité, certaines femmes sont ultrasensibles et pleines de désir, d'autres ne veulent pas en entendre parler. Tout dépend des personnes et du rapport qu'elles entretiennent avec leur sang et leur histoire. Dans le cadran lunaire, cette phase correspond à l'énergie de la nouvelle Lune.

Le cycle de la Terre

LE CYCLE FÉMININ ET LES ÉLÉMENTS

La Terre nous porte, et nous vivons en cadence avec elle. Elle tourne sur elle-même et autour du Soleil, pendant que la Lune lui tourne autour. Tout cet ensemble de mouvements permet des modifications de pression atmosphérique, de température, de luminosité et d'obscurité, de force gravitationnelle sur nos corps… Et nos réactions, fonctionnements et vibrations sont en lien avec cette activité cosmique et terrestre. Notre corps humain est une fractale du corps de la Terre qui, lui, est une fractale du corps cosmique. Notre corps porte donc en lui les quatre éléments essentiels à la vie :

• **L'Air** avec la partie tête. Il symbolise l'intellect et les pensées qui filent à toute vitesse. L'air est nécessaire à notre sang et notre cerveau.

• **L'Eau** avec la partie cœur. Elle symbolise les émotions, les sentiments et l'amour que nous ressentons. L'eau est indispensable à notre vie cellulaire et nos tissus puisqu'elle nous compose et que nous nous formons initialement grâce à elle.

• **Le Feu** avec la partie ventre. Il symbolise notre désir, l'énergie sexuelle de création et de procréation. Le feu représente notre énergie vitale et nos pulsions tant créatives que sexuelles.

• **La Terre** avec la partie pieds. Elle symbolise le sol que nous foulons chaque jour, notre ancrage, nos racines et notre capacité à nous incarner dans ce monde.

En observant la totalité de notre cycle, nous pouvons aussi nous relier à ces éléments constitutifs de notre vie, afin de les vivre en nous :

• **La phase de pré-ovulation**, où le corps a effectué un nettoyage et se sent prêt pour un nouveau cycle, est rattachée à l'élément **Terre**. C'est une phase où le terrain de soi est en création, où l'on se sent solide et ancrée.

• **La phase d'ovulation** porte l'élément **Eau**, puisqu'elle évoque les fluides du corps et de ses émotions, l'amour et la création de la vie.

• **La phase prémenstruelle** renvoie à l'élément **Air**, car c'est une phase mentale où l'intuition prime. On peut se sentir quelquefois « gonflée » ou « soufflée » par les messages hormonaux.

• **Les menstruations** sont rattachées au **Feu**. C'est un moment « rouge » qui éveille la colère, la tristesse, le besoin de repos ou au contraire le désir de créer ou de faire l'amour suivant les personnes.

LE RYTHME DE GAÏA

Le rythme est ce qui nous constitue au plus profond de nous, depuis les battements de cœur de notre mère jusqu'à notre mort. Perdre le rythme renvoie pour notre culture à mourir, même si pour d'autres, ce n'est qu'un changement de cadence et non une fin en soi. C'est peut-être cette peur de la mort et l'inconnu qu'elle suscite qui pousse coûte que coûte à garder le bon rythme. Mais plus nous avançons, plus ça s'accélère :

vitesse de l'information, performance du corps au travail, rapidité d'exécution et de consommation, dématérialisation qui favorise cette précipitation… Et nos corps suivent tant bien que mal. Il aura fallu une pandémie pour ralentir la cadence effrénée et pour nous faire réaliser à quel point nous allons vite à notre époque. Tous les vivants ont un rythme bien à eux et les cycles que l'on retrouve dans chaque unité biologique restent des processus spécifiques à chaque corps concerné. Nous avons toutes et tous besoin d'un repos et d'une activité, d'une vie nocturne et diurne. L'activité terrestre nécessite un temps de rotation, décliné en saisons, qui modifie nos besoins et notre rapport à notre propre corps. Autant le cycle lunaire influe sur les cycles féminins et leur ressemble, autant les cycles terrestres ont également une grande similarité avec eux. En comparant les phases du cycle féminin aux saisons, la sage-femme Maïtie Trélaün invite à comprendre la physiologie féminine, en considérant ces expressions multiples comme caractéristiques d'un équilibre écologique bien à elle. Si l'hiver est cette période où le repos, le repli et le besoin de protection s'avèrent primordiaux, alors il renvoie à la chute hormonale de la phase menstruelle qui demande de faire le vide pour se tourner vers soi-même. Dans la même logique, si l'énergie dynamique du printemps nous invite à un renouveau plein d'entrain et de fraîcheur, alors il a une affinité avec la hausse du taux d'œstrogènes de la phase pré-ovulatoire. L'été, lui, est cette période de chaleur où l'esprit et le corps sont en plénitude. C'est le climax hormonal qui favorise l'ovulation, avant de chuter doucement à l'automne, correspondant à la phase prémenstruelle, cette période plus mouvementée.

LES SAISONS DE LA VIE

De la puberté à la ménopause, le cycle menstruel représente quarante ans de vie. Tout comme les quatre saisons et les phases du cycle, notre vie entière est bercée par différents passages importants. Ces phases sont au nombre de quatre également sur le plan physiologique et se traduisent par quatre forces archétypales puissantes et présentes en nous : l'Enfant, l'Adolescente, la Créatrice et la Sage. L'enfant a les yeux pleins de magie et le cœur empreint de spiritualité. Puis, vers l'âge de treize ans, avec la puberté, la jeune femme découvre le monde, son corps et ses pouvoirs. Par la suite l'énergie devient créatrice, productrice, infiniment tournée vers un projet de réalisation personnelle et/ou peut-être une famille. Puis arrive la période de la ménopause, qui dirige sa puissance vers une sagesse à transmettre.

La phase *in utero* me semble être une phase fondatrice de notre existence et des « choix[1] » inconscients que nous faisons. Tout comme les phases du cycle, chaque phase porte en elle d'autres phases, qui portent en elles d'autres phases... Mais chaque passage est un renouveau et contient toute l'expérience nourrissante de l'ancienne vie en nous, voire de la suivante, sans le savoir.

1. Il s'agit d'une croyance personnelle. Elle me pousse à être convaincue que nous choisissons notre héritage physiologique et émotionnel en fonction de ce que nous souhaitons vivre. Nous ne sommes pas dépendant.es de ce que nous vivons mais nous choisissons de retenir certaines émotions et pas d'autres afin de créer notre propre chemin de vie. Bien sûr ce choix n'est pas du tout le même qu'un choix intellectuel. On parle de « choix d'incarnation » et il n'est pas incompatible avec l'expérience en tant que construction de soi. Au contraire, les deux s'imbriquent et se répondent continuellement. Ce choix s'éclaire à partir du moment où l'on donne du sens aux expériences vécues.

L'Enfant

Elle est encore en nous. Elle est cette petite fille qui est arrivée au monde et qui a grandi dans un environnement particulier. Son énergie est tournée vers le présent. Elle n'est qu'émerveillement et découverte, rire et joie. En fonction de l'enfance que nous avons eue et de la place que nous avons pu occuper aux yeux de nos parents, nous construisons notre rapport à nous-même et aux autres. Chaque fois qu'une émotion se présente à vous aujourd'hui, c'est peut-être cette petite fille qui demande à être entendue, respectée, écoutée et prise dans les bras. L'enfance est la période la plus magique et la plus émotionnelle. Aucun filtre n'existe, aucune notion de temps : les enfants sont dans le présent, leur intelligence est juste, logique, sans détour. L'Enfant a une vie sexuelle bien à elle, une créativité débordante qui se moque de savoir si ce qu'elle fait va fonctionner ou non, elle « fait » tout simplement. Son manque d'expérience est une force d'action qui ne connaît pas encore la peur de l'échec. À cette période-là de notre vie, nous n'avons pas de cycle en place, mais nous avons déjà un stock d'ovules en nous.

Trop souvent, notre sexe biologique entraîne des projections familiales et culturelles qui conditionnent notre place dans la société. Celles-ci peuvent même commencer *in utero*, si les parents désirent à tout prix un sexe plutôt qu'un autre. L'Enfant est connectée à l'Inconscient collectif et ressent l'émotion de ses parents en permanence. C'est pour cela que les non-dits, les secrets de famille, les mensonges familiaux sont absorbés et compris par l'intelligence du cœur de l'Enfant qui catalyse, projette et fait du mimétisme sur le modèle parental. Même si elle ne peut encore nommer, expliquer et identifier ce qu'elle ressent, elle le vit, et ce sans aucun filtre. Le passage physiologique de l'Enfant à l'Adolescente est un véritable printemps qui invite à la découverte de soi et du monde extérieur.

L'Adolescente

La magie de la nudité naturelle et spontanée de l'Enfant laisse place à une pudeur et une volonté de cacher son corps en plein changement à l'adolescence. L'Adolescente met en lumière ce que les parents cachent. Elle bouscule les visions, les cadres, et éprouve un besoin viscéral de découvrir le monde. Le changement hormonal que provoque la puberté est prenant, pour la jeune fille comme pour son entourage. En effet, les premières règles sont souvent abondantes, douloureuses et handicapantes, le temps que les cycles se mettent en place. Même si les tabous diminuent, parler de ce sang reste encore délicat dans certaines familles. Dans certaines traditions, l'Adolescente bénit les récoltes ou se prépare à une fête avec sa communauté, mais dans notre culture, il existe peu de rituels qui l'invitent à valoriser symboliquement ce passage puisque l'éducation se limite à la fonction reproductrice du cycle, sans en déployer l'importance sur le plan émotionnel, sexuel et créatif. Le cycle féminin porte un lourd héritage de non-dits, que l'adolescente découvre par elle-même à travers son propre corps. Dans son ouvrage *Ceci est mon sang*, l'auteure Élise Thiébaut raconte ses premières règles avec humour et précise : « C'était comme si je venais d'accéder à un grand secret dont tout le monde, en fait, niait l'existence[1]. »

Le passage de l'Adolescente à la Créatrice est une période qui s'apparente à un été : l'activité augmente la température du corps, le besoin de créer du lien social et de se rencontrer intimement se fait sentir.

1. Élise Thiébaut, *Ceci est mon sang. Petite histoire des règles, de celles qui les ont et de ceux qui les font*, éditions La Découverte, Paris, 2017, p. 33.

La Créatrice

La période de la Créatrice est celle qui pousse à créer : faire des études précises, monter une entreprise, faire un bébé, acheter une maison pour la retaper, partir en voyage autour du monde… Autant de projets qui font de nous des « mères » pour nous-même, c'est-à-dire des personnes conscientes de leur pouvoir créateur et sur le point de le transmettre au monde.
La Créatrice est bouleversée par des changements physiologiques : son cycle est en place ou lui fait perdre la tête, elle a pu vivre des fausses couches, des interruptions de grossesses, des grossesses merveilleuses ou compliquées, une maladie l'invitant à questionner ses repères, une pression liée au fait qu'elle ne souhaite pas d'enfants, une dépression au travail, ou des accouchements traumatisants…
Être créatrice ne signifie pas être uniquement dans la production, mais assumer également le pouvoir destructeur profondément lié à ce pouvoir créateur. Chaque expérience lui fait comprendre qui elle est et son cycle l'accompagne dans tous ses choix de vie. À chaque mouvement de « création-destruction » son cycle bouge, s'exprime, se fait sentir, ou au contraire semble disparaître. C'est une période de vie où l'écoute consciente de son corps ouvre la créativité à des potentiels infinis. La Créatrice est dans le « faire » plutôt que l'« être », mais elle comprend au fur et à mesure qu'elle doit lâcher certaines certitudes, certaines obligations ou croyances pour entrer dans un nouveau cycle de sa vie : la sagesse. Cet automne de sa vie lui offre la possibilité d'aller vers elle-même.

La Sage

La dernière phase initiatique sur le plan physiologique, c'est bien le passage à la ménopause. Ce passage est naturellement vibrant car il exprime que la procréation n'est plus possible et questionne donc la création profonde et sur tous les niveaux. C'est une phase de changements hormonaux intenses, comme pour les premières règles : les repères ont besoin d'être redessinés et il est nécessaire de revoir certaines définitions du féminin, souvent bien installées dans des croyances sociales et biologiques.
Le corps se transforme, comme durant le passage de l'Enfant à l'Adolescente. Il est possible de retrouver son énergie « de petite fille » avec la coupure des cycles qui invite à retrouver une énergie plus « masculine », plus linéaire et moins rythmée. La ménopause est une étape rituelle et ses bouleversements physiologiques doivent être traversés naturellement pour pouvoir accepter la nouvelle personne qui en naît. Comme un accouchement de soi, c'est un passage de transformation.
Enfin, la Sage avance doucement vers une nouvelle saison du corps, celle de l'hiver, qui invite au calme et au repos pour aller doucement vers la mort.

Les deux périodes importantes qui encadrent ces quatre saisons de la vie sont la période de notre formation embryonnaire – qui nous prépare à la grande étape de la mise au monde – et celle de la vieillesse – qui nous prépare à la sortie. L'une comme l'autre sont vécues une seule fois et, bien que leurs natures s'opposent, elles sont identiques puisqu'elles marquent le passage de notre incarnation. Toutes ces transformations de l'être perturbent et renforcent la connaissance de soi, puisque l'utérus est un arbre dont les racines et les fruits permettent cette « co-naissance ».

Les cycles du corps familial

L'ARBRE DES VIES

Notre utérus prend forme dans un utérus qui lui-même s'est formé dans un utérus qui a été formé dans un utérus... et ce jusqu'au vertige et aux sources de l'espèce humaine. La vision essentialiste qui voudrait que le port d'un utérus rende notre perception du subtil plus sensible, intuitive et spirituelle, tire son origine de la symbolique que porte l'utérus, en tant qu'image de « foyer originel » relié, lui, à la source divine. Mais cette source est accessible par ce symbole sans forcément « porter » l'utérus. Beaucoup de femmes n'en ont plus, certaines n'en ont jamais eu et cela ne fait pas d'elles des êtres moins créatifs ou intuitifs. L'utérus n'est pas qu'organique, il est également une vibration puissante qui contient en lui de nombreuses empreintes collectives et mythes sacrés à travers les siècles. Il peut prendre la forme du calice utilisé par les prêtres pendant la messe pour boire le « sang du Christ », comme celle du chaudron de la sorcière dans les contes. C'est un lieu de vie, d'abondance, de création et de transmutation, une quête spirituelle chez les hommes qui, faute d'en avoir un, ont mis celui des femmes sous contrôle. L'utérus si précieux, porteur d'une mémoire, d'une intelligence et d'un potentiel émotionnel incroyable, est également capable de fabriquer le placenta, arbre de protection et de vie pour l'enfant à naître. De nombreuses déesses anciennes portent le symbole de l'arbre auprès d'elles : Hathor, déesse des arts et de la musique, Athéna et son olivier ou Ève et son pommier de la connaissance… Elles véhiculent par ce symbole l'idée que le principe féminin est une terre d'accueil pour toutes et tous, dans laquelle poussent toutes sortes de fruits, de ressources et de savoirs ancestraux En ce sens, elles permettent de se connecter à une voie d'accès intemporelle et intérieure. L'arbre existe aussi dans la myst que juive à travers l'Arbre de vie, qui représente les dix émanations de soi et l'accès à la lumière divine. Bien que toutes ces images soient symboliques, elles n'en demeurent pas moins incarnées dans la terre même du corps humain, puisque l'arbre, ses racines et ses différentes branches rhizomiques nous conduisent par association à l'arbre généalogique, porteur de notre histoire personnelle, présent dans notre ADN et dans nos cellules. C'est bien par cette voie de l'arbre que nous pouvons comprendre et reconnaître nos racines et, ainsi, apprendre à nous connaître réellement en identifiant les contrats passés inconsciemment avec celles et ceux qui constituent notre terreau familial.

LE POUVOIR DE LA PSYCHOGÉNÉALOGIE

Chaque être humain peut développer une conscience infinie. Pour ce faire, il doit être capable de se situer dans son propre corps (ancrage) mais également dans son propre arbre généalogique, pour ensuite venir se situer dans une vie sociale puis dans une universalité cosmologique. En effet, la famille est notre premier clan humain et il suffit de regarder la place que nous occupons dans la société aujourd'hui pour comprendre celle que nous avons eue ou prise dans notre famille. Celle-ci agit comme une société à taille réduite et la place que nous y tenons en dit beaucoup sur le rôle que nous avons dans notre société. Le merveilleux outil qu'est la psychogénéalogie, mis en évidence par sa créatrice Anne Ancelin Schützenberger, auteure de l'ouvrage *Aïe mes aïeux!*[1], utilise ce processus de révélation de ses potentiels et de ses limites en plongeant directement dans son arbre généalogique. Ainsi, en allant voir le « corps » de notre famille dans les branches des trois générations qui nous précèdent, il est possible de mettre en lumière la tournure de certains événements de notre propre vie, les répétitions cycliques de notre existence et les forces que notre héritage nous a transmises. Dans la vie d'une personne, les injonctions entendues tout au long de l'enfance ont forcément une incidence sur sa capacité créatrice : soit elle les suit à la lettre, soit elle fait l'inverse. Quoi qu'il en soit, cela revient exactement au même parce qu'elle se situe par rapport à un héritage précis et ne se sent pas forcément Créatrice de son royaume. Pour se détacher de cette réaction, il faut que le « contrat inconscient » entre la personne et les membres de sa famille soit éclairé pour sortir des répétitions cycliques et enfin retrouver une autonomie. Cette transmission n'est pas que dans le visible, les souvenirs ou la morphologie génétique. Elle se cristallise dans une conscience plus profonde de l'être, à la fois physiologique et spirituelle. Ainsi ce sont les secrets, les non-dits et les messages inconscients qui viennent sculpter notre existence. Pour l'artiste tarologue Alejandro Jodorowsky,

1. Anne Ancelin Schützenberger, *Aïe mes aïeux! Liens transgénérationnels, secrets de famille, syndrome d'anniversaire, transmission des traumatismes et pratique du génosociogramme*, éditions Desclée de Brouwer, 1988.

« guérir, psycho-généalogiquement parlant, c'est devenir soi[1] », parce qu'effectivement, lorsque nous prenons le temps de savoir d'où nous venons émotionnellement, nous pouvons savoir où nous allons. La famille est notre terreau et notre terreur, car elle fabrique nos croyances et impose nos limites.

Faire son arbre généalogique en conscience de tous les secrets familiaux et en notant chaque détail est une manière de se voir en face. C'est un travail sur soi, mais c'est aussi une démarche qui guérit l'ensemble de la famille et des liens transgénérationnels lorsqu'il est fait avec lucidité et sérieux. Ce travail peut se faire seule, mais il faut savoir que lorsqu'il est engagé, il prend son sens pour l'ensemble des membres, au-delà des générations et du temps collectif. Il est nécessaire, si nous en ressentons le besoin, d'être accompagnée par une ou un thérapeute transgénérationnel.le qui maîtrise cet outil.

L'INJONCTION À DEVENIR MÈRE

« Alors c'est pour quand ce bébé ? », « Et sinon, avez-vous prévu d'en faire un bientôt ? », « J'aimerais bien devenir grand-mère un jour quand même ! », « Quel âge tu as déjà ?... Ah, quand même, faudrait peut-être mettre le bébé en route, non ? » Pour ne citer que quelques injonctions sociales, familiales, culturelles que les femmes nullipares entendent au quotidien jusqu'à ce qu'elles soient enfin soulagées d'être ménopausées pour ne plus avoir à se justifier. Malheureusement, chez certaines, ce sont ces mêmes injonctions qui exténuent le psychisme au point de

1. Alejandro Jodorowsky et Marianne Costa, *La Famille, un trésor, un piège. Métagénéalogie, comment guérir de sa famille*, éditions Albin Michel, 2011, p. 92.

pousser le corps à se mettre à l'arrêt pour ne plus avoir à se justifier : endométriose, hystérectomie, ablation des ovaires ou encore ménopause précoce… L'esprit ne peut plus gérer une telle pression qui sous-entend « tu ne sers à rien » et se met en arrêt maladie, ou à la retraite plus tôt que prévu. Comme si la valeur d'une femme n'était liée qu'à sa production matricielle, que son rôle n'était que de faire perdurer la lignée familiale et, à plus grande échelle, la société de production.

À une certaine époque, faire un enfant – et si possible un mâle – était le seul moyen de développer la productivité sociale et économique. Les enfants-garçons « servaient » à être exploités au travail et de chair à canon quand il fallait partir à la guerre, et les enfants-filles « servaient » à apprendre le métier de mère au foyer, dont le salaire équivalait à un arrangement économique, communément appelé « contrat de mariage ». Ainsi, vivre libre, en dehors du mariage était apparenté à de la prostitution et condamné, mais vivre sous un contrat de mariage et s'acquitter du « devoir conjugal » contre une place sociale était valorisé. Bien sûr, tout cela avait pour condition qu'un enfant naisse de cette union. C'était d'ailleurs le seul rôle des femmes : devenir épouse et mère et, sinon, partir au couvent ou être reléguée dans la case des dissidentes, putains, homosexuelles ou « dégénérées psychiatriques ». La théoricienne queer Gayle Rubin parle, de façon globale, de « sexualité stratifiée » et définit ainsi le mariage en tant que « prostitution légale ». En effet, dans son ouvrage *Surveiller et jouir. Anthropologie politique du sexe*[1] publié en 2010, elle met en lumière le fait que, même aujourd'hui, le contrat de mariage peut être une forme de prostitution puisqu'il implique un contrat économique se basant sur un échange sexuel. Le seul désavantage par

1. *Surveiller et jouir. Anthropologie politique du sexe*, éditions Epel, 2010.

rapport à la prostitution tarifée, est le droit à un seul client, le mari. Pourtant cette même stratification sexuelle présente le mariage comme une réussite sociale et oppresse, conditionne et limite les libertés sexuelles des femmes. Même si l'injonction au mariage a bien évolué depuis quelques années, l'injonction à « devenir mère » plane dans l'inconscient social et lorsqu'une femme décide de ne pas l'être, elle se retrouve sans cesse face aux dilemmes et projections des autres qui trouvent ce choix « douteux ». D'ailleurs les médecins ont l'obligation de congeler les ovocytes des femmes qui se font opérer pour une endométriose, même quand celles-ci leur expliquent qu'elles ne veulent pas d'enfants[1]. Procréer, d'accord, c'est merveilleux, fantastique, puissant, mais sous la contrainte cela peut être la pire des violences faites aux femmes ! Une grossesse mal vécue cumulera choc émotionnel et physiologique et stress pour le fœtus. Un accouchement peut être traumatique et avoir des conséquences dévastatrices, un post-partum mal vécu peut mener au suicide et enfin une vie avec un enfant non désiré peut être une source de culpabilité très profonde, mener à une vie émotionnellement compliquée pour le futur adulte, et nous déraciner de nous-même. Bien sûr c'est tout l'inverse qui peut se passer aussi : la rencontre avec un bébé non désiré à la base peut donner du sens à cette expérience, rien n'est figé. Mais une direction peut changer à condition d'être allée « voir » en dessous, c'est-à-dire en soi, ce que cela signifiait pour soi de vivre une telle épreuve. Ce n'est pas un travail facile car il

---

1. Ce témoignage est celui d'une femme qui m'a confié que juste avant son intervention, le médecin a été convoqué par l'équipe médicale. En effet, du fait qu'elle ne voulait pas d'enfants, elle a refusé de faire congeler ses ovocytes et le médecin est venu lui dire en personne qu'elle était « un cas problématique à sa déontologie », sans chercher à écouter sa parole. Elle a finalement réussi à se faire entendre, mais elle fut choquée d'être aussi infantilisée à l'âge de 35 ans.

est truffé d'ombres et de démons qui peuvent nous confronter au pire des adversaires : nous-même.

La symbolique des maux

Que l'on vive des cycles irréguliers, que l'on subisse aménorrhée, hyperménorrhée, endométriose, ovaires polykystiques, interruptions de grossesses ou fausses couches à répétition, ablations utérine ou ovariennes, les expériences charnelles de nos cycles entretiennent un lien fort avec notre lignée familiale. Le sang a cet incroyable pouvoir de révéler ce qui ne va pas dans la vie d'une personne. Il est « notre sang » et de ce fait il est porteur de nos histoires inconscientes, et en particulier des lignées de femmes de notre arbre généalogique. Il est le fil rouge des secrets et des non-dits qui se révèlent dans la matière. À mon sens, le sang menstruel dérange notre société parce qu'il est l'élixir de vie initial qui permet à chaque être humain de s'incarner, et que peu de personnes trouvent véritablement un sens profond à leur incarnation. Les femmes vivent, tout au long de ces quarante ans de vie, des changements hormonaux énormes, des explosions et des manèges d'émotions qui construisent ou détruisent leur rapport au monde. Leur pouvoir est immense, tout comme leur responsabilité, et notre éducation ne s'est pas privée de se servir de cette sensibilité pour isoler les femmes face à cette énorme puissance de vie-mort-vie. Critiques, jugements, culpabilisations… et ce y compris par les femmes elles-mêmes, qui ont certainement trop peur de penser autrement et de perdre leur place au sein de la société. Le corps parle et sait absolument tout. Il cristallise en lui les peurs, menaces et chantages affectifs comme le plaisir, la joie et la fluidité des relations. Tout ce qui va être traduit par et dans le corps est un message de l'être entier. C'est pourquoi reconnaître dans chaque symptôme la charge émotionnelle qui lui est sous-jacente permet de prendre conscience de la profondeur de notre personne. Personne n'aime la douleur, mais lorsqu'elle est présente, elle est une messagère car elle révèle une information sur ce que nous sommes en train de vivre sur un plan plus subtil.

Dans notre culture, nous n'acceptons pas la douleur et nous n'essayons même pas de la comprendre sur un plan émotionnel. Elle est anesthésiée, contrôlée, diminuée si elle se fait sentir, simplement parce que la médecine conventionnelle, essentialiste et matérialiste, base sa pratique sur la volonté d'arrêter les symptômes, en isolant le corps du reste du vivant et de ce qu'il vit avec les autres vivants. Ainsi, la médecine ne cherche pas à comprendre le sens profond de ce qui se passe dans l'être. Pourtant, depuis les travaux d'Annick de Souzenelle dans les années 1970, puis ceux du docteur Hamer au début des années 1980, Luc Bigé, Michel Odoul ou encore Thierry Janssen plus récemment, les symptômes que le corps manifeste peuvent avoir une toute nouvelle lecture et ont un véritable sens : le corps se lit à travers les maux.

LES « MOTS » DU CYCLE

La cystite, la vaginite, la mycose vaginale ou même le vaginisme sont autant de maux intimes efficaces quand il s'agit d'envoyer un message à son ou sa partenaire. Le corps à ce moment, et particulièrement la vulve, le vagin et le ventre disent « NON ». Il se peut que cette négation ne soit pas exprimée et qu'elle se manifeste dans la chair, par un besoin de repos, de respect dans ses désirs, un besoin de retrouver sa limite et d'être moins tiraillée entre ce que nous ressentons et ce que nous voulons montrer à l'autre.

Le corps est un territoire et, dans l'histoire des femmes, c'est un espace de conquête. Or il est difficile de se conquérir soi-même quand, depuis des siècles, il nous est répété que ce corps n'est non seulement pas à nous, mais encore moins un espace où nous pouvons nous sentir libres. Pour Rina Nissim « un symptôme physique constitue une tentative de soulagement pour le mental ». En effet, le corps est intelligent, il parle pour dire les choses telles qu'elles sont vécues inconsciemment. Prendre le temps de regarder « ce que ça dit » favorise le lien à soi. C'est dans l'intimité avec soi-même, la proximité avec ses vérités intérieures, ses besoins primaires, vitaux, que la liaison aux autres se fluidifie. Le cycle suit le même schéma que les maladies et les symptômes. Si les maux liés aux IST parlent de notre territoire-corps et de son besoin d'être reconquis par nous-même, notre cycle, lui, s'adressera à notre capacité à concevoir, inventer, nous mettre au monde et déployer notre créativité et nos projets. Notre cycle parle pour nous et raconte notre histoire, tout comme les histoires des femmes de notre famille, tout comme les histoires des bébés que nous ferons naître – et qui nous font naître en retour –, qu'ils soient faits de chair ou d'idées novatrices. Bien sûr, quelquefois, la seule traduction des « mots » du corps ne permet pas de soulager directement parce que l'idée reste au stade de l'idée. Pour aller au bout du chemin, il faut incarner notre message dans la chair : parlons à nos utérus, écrivons-leur des lettres, faisons-leur des massages, dansons, pacifions nos relations entre femmes, comprenons et pardonnons nos différends avec les hommes, allons directement dans l'acte matériel, physique et réel de cette chair qui demande à être touchée, enveloppée, caressée et sentie. C'est par la voie de la rencontre entre notre esprit et notre chair, le subtil et le dense, l'idée et l'action réelle, qu'il est possible de retrouver sa part d'ombre et de l'embrasser tendrement, afin de soulager nos maux.

LE SYNDROME PRÉMENSTRUEL

C'est la période de chute hormonale, vécue de manière douloureuse, physiquement mais surtout émotionnellement, par certaines : irritabilité, colère, tristesse, mélancolie, angoisses profondes, insomnies… Si cette phase se fait sentir plus qu'une autre dans le cycle, c'est parce qu'elle s'était mise en programmation « procréation » sur le plan physiologique grâce à la phase d'ovulation. Comme l'œuf n'a pas été fécondé, le système entier relâche l'attention portée à cette possibilité pour lui proposer de se reposer. L'expression créatrice et animale de l'être ressent un besoin de « mettre au monde » de façon viscérale, mais n'en a plus la possibilité matérielle sur le moment. Les hormones envoient le message de « lâcher l'affaire », et ce sont les menstruations qui vont prendre le relais. Émotionnellement c'est la phase la plus spirituelle du cycle, parce qu'elle invite à venir se rencontrer en soi, dans la

partie sombre de soi-même : « Où en suis-je dans mon projet de vie ? », « quelle place prend mon travail dans ma vie ? », « quelles passions me font vibrer ? », « quel objectif me suis-je donné ? », « vers quelle destination suis-je prête à aller ? ». Autant de programmes que le mental adore mettre en place, que notre société se délecte à développer, et que notre rôle désire profondément entretenir pour garder son statut social. Les femmes d'action, les intellectuelles, celles qui ont besoin de productivité intense dans leur vie peuvent mal vivre cette phase parce qu'elle les astreint physiologiquement, dans leur chair et leur intimité, à « renoncer ». Attendre, se poser, prendre un temps de repli, regarder pousser l'herbe… à l'opposé de leur puissante capacité à inventer ou produire des projets.
Les femmes qui ressentent des maux liés à cette phase et en souffrent ont beaucoup à gagner à se tourner vers la spiritualité incarnée. Pas celle des livres, ni celle des dogmes et des religions, mais bien celle de leur propre cœur, appliquée dans la matière. Retourner à la Nature, se balader, prendre un temps pour écrire de la poésie, rêver, prier et méditer, mais aussi et surtout connecter son corps à ses activités. Pas seulement les vivre dans le mental et l'imagination mais bien dans sa chair. La méditation n'est pas un grand voyage astral, mais bien une connexion à ses ressentis charnels, au poids de ses membres, au souffle ou aux battements de son cœur. La prière, elle, ne doit pas se tourner vers un ailleurs ou une entité extérieure à soi, elle est présente dans tous les points d'énergie du corps, elle peut être dans des mantras, des chants sacrés, dans la danse ou même le silence.

LA MIGRAINE PRÉMENSTRUELLE OU MENSTRUELLE

Elle peut être révélatrice que quelque chose « me prend la tête ». Dans le langage des oiseaux, la migraine est une information « à moitié » semée en nous : « mi-graine », la moitié d'une semence. Elle est en lien avec les hormones et la fertilité, puisqu'elle parle de « graine » et donc d'« ensemencement ». Quand les œstrogènes chutent, les vaisseaux sanguins dilatés se rétractent, provoquant des maux de tête. Mais d'un cycle à l'autre ces migraines peuvent disparaître. Elles sont peut-être simplement dues à ce que le mois dernier, nous avons entendu une remarque, une critique sur notre manière de faire, de produire, d'agir, de créer, ou peut-être une injonction à « devoir faire », « devoir produire » ou « devoir procréer ». Cela peut être aussi corrélé à une dispute avec son conjoint, à une date anniversaire liée à une agression sexuelle, un viol ou un avortement. Une intrusion dans notre sphère intime, qui a du mal à être digérée et est refoulée, au point que lorsque l'information est arrivée à nos vaisseaux sanguins, ces derniers se sont rétractés pour ne pas en savoir davantage. L'information est donc là, mais ni acceptée ni entendue, et encore moins « diluée » dans le corps. Elle reste bloquée en nous, parce que nous fuyons l'émotion sous-jacente à cette information.
Pour trouver la source, il faut remonter le temps : à quel moment cette migraine a-t-elle commencé ? À quelle heure ? Quelle activité était en cours ? Quelque chose m'a froissée, contrariée ? Ai-je entendu ou ressenti une obligation à faire quelque chose, ou à dire quelque chose ? Une fois la lumière faire sur ce qui coince, il est important de marquer symboliquement cette

prise de conscience par un acte. Par la suite, la migraine ne revient pas.

LES AMÉNORRHÉES

Ces absences de saignements peuvent aussi révéler une volonté inconsciente de se couper de son sang, donc de sa famille, pour se construire indépendamment des attentes liées à la fertilité. Les aménorrhées peuvent être provoquées par des messages hormonaux, la prise d'hormones chimiques ou de médicaments, un choc émotionnel (comme un deuil), une rupture violente, des violences conjugales ou familiales, une anorexie mentale ou nerveuse, un sport athlétique, le stress ou un *burn out* lié au travail, une dépression... Le « corps sait ». Il se corsète pour ne pas avoir à répondre à ses fonctions biologiques et coupe toute forme de création. La pression liée à la productivité permet d'arrêter le temps symboliquement, pour se concentrer sur une seule chose dans une situation de stress, pour contrer la mort dans le cas d'un choc, ou encore pour entrer en lien avec son énergie masculine dans le sport intense.

Si l'aménorrhée est la conséquence d'une anorexie ou de troubles alimentaires, il est important de savoir à quel moment le trouble a débuté pour comprendre pourquoi. C'est une maladie qui marque profondément les corps féminins ou féminisés. Bien qu'elle soit apparentée à une volonté de maigrir, d'être belle, et de rentrer dans l'aliénation de la maigreur attribuée aux top models des années 1990, l'anorexie est plus profonde. Le corps dit « stop : plus rien ne rentrera dans mon intimité ». Nourriture et sexualité sont étroitement liées, et il se peut que cette maladie vienne parler d'une agression sexuelle ou d'un viol jamais verbalisés. Qu'il s'agisse d'une agression isolée ou récurrente, d'abus d'inceste, de violences verbales ou physiques vécues et refoulées, le corps parle haut et fort. Cet abus peut être aussi lié à des relations mère-fille dévorantes. Même si la source de l'arrêt des règles est due à une malnutrition, cela reste un lien symbolique extrêmement fort avec la maternité, nos premières ressources nutritives à l'état de fœtus. Au-delà de l'envoi d'un message à sa propre mère incarnée, il y a la volonté de se couper de sa propre mère intérieure et de sa propre fonctionnalité primitive. En maîtrisant ses besoins ancestraux, l'anorexie permet de contrôler le corps, de se couper de son animalité et de besoins tels que manger, déféquer, faire l'amour ou accoucher, mais aussi des odeurs corporelles, de la sueur, du sang, des désirs et des émotions qui leur sont liées. C'est une réponse de disparition de sa propre chair, face à un monde carnassier.

MÉNORRAGIES

Ce sont des saignements longs et abondants qui peuvent être douloureux comme indolores, mais qui provoquent souvent de l'anémie et beaucoup de fatigue, de par la quantité de sang perdue. Bien sûr, les contraceptifs tels que le stérilet en cuivre ou hormonal peuvent être à l'origine d'une telle perte de sang, mais une endométriose peut également en être la cause. La symbolique du sang, dans ce genre de trouble menstruel, peut être également liée à une violence psychologique ou physique non verbalisée. Qu'elle soit vécue dans le présent (au travail, dans son couple, dans sa famille) ou qu'elle ait été subie par le passé (agression, harcèlement, viol), voire par d'autres femmes de notre lignée généalogique, la quantité de sang permet de rendre visible ce que nous ne souhaitons pas voir, pour « montrer » qu'il y a quelque chose à pacifier, à adoucir, à pardonner, à dénoncer ou encore à extérioriser.

SPOTTING

Quand le sang est présent pendant tout le long du cycle sans être très abondant, il s'agit alors de « spotting ». Bien que le mot soit tiré de l'anglais – « spot » qui signifie « tache » –, il est intéressant de lire le terme en français pour en comprendre le sens pour l'inconscient : un « spot » est un objet luminaire permettant d'orienter sa source lumineuse. Un spot éclaire, rend visible, donne de la valeur à ce qui a besoin d'être éclairé. Sa présence permet de souligner symboliquement qu'il est nécessaire de retrouver un équilibre, un ancrage, un rythme plus régulier dans sa vie, et peut-être plus de calme.

L'ENDOMÉTRIOSE

L'endométriose est malheureusement très courante, elle touche une femme sur dix. Comprise, entendue et diagnostiquée très tardivement par la médecine, elle est encore compliquée à traiter sans ménopause artificielle ou opération chirurgicale. Son origine est floue, mais on a découvert récemment qu'elle pourrait être due à une malformation embryonnaire[1]. Selon d'autres recherches, elle serait le résultat des produits toxiques contenus dans les serviettes hygiéniques et les tampons.

1. Martin Winckler, *C'est mon corps, toutes les questions que se posent les femmes sur leur santé*, éditions L'Iconoclaste, Paris, 2020, p. 64.

Elle se manifeste par la présence de muqueuse utérine dans des organes autres que l'utérus. Cela peut être la vessie, les ovaires, les trompes, le rectum, l'intestin, mais cela peut monter jusqu'aux poumons et atteindre la zone du cœur. Ce qui est extrêmement violent, c'est qu'à chaque fluctuation hormonale liée au cycle, la muqueuse parasite réagit comme la paroi utérine. Ainsi, durant les périodes de menstruations, la personne atteinte par l'endométriose, en plus de saigner par voie vaginale, évacue également par les organes colonisés. La douleur est insupportable, invalidante, et peut rendre infertile. Il existe plusieurs stades : l'endométriose superficielle, l'endométriose ovarienne et l'endométriose pelvienne profonde, jusqu'à l'endométriose thoracique qui touche les poumons.
Dans sa symbolique, l'endométriose peut avoir un lien avec notre lignée maternelle et sa manière de nous « coloniser », et d'envahir ainsi nos organes internes. Pour Michel Odoul par exemple, les femmes qui en souffrent ont souvent eu « une relation difficile, douloureuse, voire violente, avec leur mère[1] ». La relation à la mère est « déplacée » et, symboliquement, cela induit un déplacement de la matrice dans le corps et une forme d'impérialisme maternel dans tout le système. Effectivement le lien à la mère incarnée peut en être la source, comme le lien de notre mère à notre grand-mère, mais pas uniquement. La relation « difficile à la mère » peut être aussi l'intimité que nous entretenons avec notre Mère intérieure, l'archétype « Mère » : « Suis-je en accord avec l'idée de devenir mère ? » , « ai-je pris le rôle de mère dans mon couple ? », « ai-je été considérée trop tôt comme une mère pour mes petits frères et petites sœurs ? », « suis-je à l'aise pour dire haut et fort que je ne veux pas d'enfants sans devoir me justifier ? », ou encore « pourquoi

1. Michel Odoul, *Dis-moi où tu as mal. Le lexique*, éditions Albin Michel, 2003, p. 149.

ai-je dû m'occuper de ma propre mère trop jeune sans avoir eu le droit à mon enfance ? »… Toutes ces questions peuvent être posées pour comprendre la place que nous avons, prenons, ou celle que nous avons tenue malgré nous. La relation peut être très heureuse ou fluide avec sa mère incarnée, mais l'injonction à « être mère » peut entrer en résonance avec le système entier du corps et provoquer l'infertilité pour, encore une fois, mettre le corps à l'abri de cette possibilité qui, au fond, nous terrifie. Dans un cas comme dans l'autre, il est important de pacifier son rapport à sa mère ou à l'archétype « Mère ». Pour cela il est nécessaire de trouver en soi une zone de « pardon » (à entendre « par donc » en langage des oiseaux) qui viendrait alléger, consoler et libérer la douleur liée à la maternité, et surtout adoucir la relation à soi-même. Pour ce faire, il n'y a pas d'autre solution que de revoir la vision que nous avions adoptée enfant et faire descendre du piédestal cette « grande déesse », créatrice de notre existence. Dans les yeux d'un enfant, un parent est toujours le dieu ou la déesse qui nous a donné la vie : il porte la responsabilité et le devoir de « bien faire ». Les conflits de l'âge adulte avec ce même parent – mais également avec le parent que nous essayons d'être ou de ne pas être – demeurent tant que le regard porté sur lui n'a pas été « humanisé » et que l'attente qu'il remplisse enfin son rôle divin à notre égard n'a pas été comblée. Pour « ré-humaniser » sa mère, il suffit de la regarder comme une femme, une humaine, une sœur ou une alliée, et non plus comme une mère, et encore moins comme une « maman ». C'est arrêter d'attendre ou d'espérer qu'elle change, qu'elle décide de s'excuser, qu'elle fasse le premier pas… Cela nous positionne en « petite fille » et nous retient dans un passé qui nous dévore. Le pardon vient du cœur. C'est un sentiment qui se vit plutôt qu'il s'intellectualise. Il n'est destiné qu'à soi-même.

L'INTERRUPTION VOLONTAIRE

Elle est pratiquée s'il y a grossesse non désirée ou/et impossible psychologiquement ou matériellement à mener à terme. Elle peut être pratiquée par voie médicamenteuse ou par une intervention chirurgicale en fonction de la date de conception, le maximum légal étant fixé à quatorze semaines d'aménorrhée en France. L'IVG médicamenteuse peut être pratiquée avant sept semaines d'aménorrhée, au-delà c'est un curetage sous anesthésie locale ou générale, en fonction du choix de la personne. Ce n'est pas parce qu'on la qualifie de « volontaire » qu'il s'agit d'un véritable « choix » : une femme qui avorte n'a souvent pas le choix. Cet acte peut être bien vécu par certaines ou très douloureusement par d'autres, mais il est toujours un passage fort dans la vie d'une femme. Le passé de l'avortement est encore très présent dans nos arbres « gynécologiques » puisqu'avant la loi Veil datant du 17 janvier 1975, l'acte était considéré comme un crime à l'encontre des familles et de la moralité, passible d'enfermement et d'amende. En plus d'avoir à « choisir » cette option qui n'en était souvent pas une et de risquer leur vie au cours d'un acte médical pratiqué par des « faiseuses d'anges », les femmes se voyaient ensuite jugées, et devaient « payer ». Certaines étaient amenées dans un « camp de vacances » par leur propre famille pour y être avortées sans leur consentement, au péril de leur vie. Le statut de mère hors mariage était très mal accepté : les « filles-mères » étaient considérées comme une charge financière et une honte pour leur famille.

Avorter n'a plus le même sens aujourd'hui, mais cette charge passée demeure dans l'inconscient familial et social. L'acte n'a pas la même signification d'une femme à l'autre, la même histoire, ou la même douleur. Certaines se sentent tout à fait en accord avec leur choix, d'autres se sentent toujours en deuil au fond d'elles, ou empreintes de culpabilité. La religion judéo-chrétienne, avec sa conception de la famille patriarcale considérée comme « sacrée », en est la première responsable. Les périodes d'après-guerre et leurs pertes humaines – les enfants morts au combat ou de la Shoah – ont été des poids de culpabilité supplémentaires dans le ventre des femmes. À notre époque, l'interruption volontaire de grossesse est – la majorité du temps – accompagnée, entendue, respectée, même si dans certaines régions et structures médicales, elle est encore en danger et dans certains pays illégale et criminalisée. L'IVG est la cible des catholiques traditionalistes « pro-vie » qui instrumentalisent la notion de vie au profit de leur combat politique.

Bien sûr, la vie n'appartient qu'à celle qui en fait l'expérience incarnée. Personne ne peut interdire à une femme de faire ce choix ou la culpabiliser de le faire, de la même manière qu'un mari ou des parents n'ont pas le droit d'imposer un acte d'avortement. C'est à la fille ou la femme de savoir ce qu'elle souhaite et dans ces moments, même si elle souffre de vertiges et d'incohérences, le choix de laisser partir l'embryon ou de le garder est toujours le bon, parce qu'il est son choix. La charge symbolique de cette expérience sur notre existence met en valeur notre besoin de « couper » avec certaines obligations familiales et culturelles passées. Cela peut être une volonté « d'élaguer son arbre » généalogique, de mettre au clair des relations mère-fille, de rendre visible sa place d'enfant ou simplement de « couper le lien » qui nous relierait avec les nôtres par un contrat inconscient. Ce choix permet de se préparer à être mère en faisant un chemin de transition avant une grossesse désirée, et peut se vivre comme une initiation à la rencontre de sa chair et de ses désirs profonds. Ce peut

être aussi une invitation à mettre en lumière un avortement clandestin dans notre lignée, et à apporter amour et pensées à la femme qui en a subi les conséquences psychologiques, physiologiques ou sociales.
Dans certains arbres généalogiques, il est possible de voir qu'un avortement met en lumière des fausses couches révélées récemment dans la génération des parents, voire des enfants morts en couches dans la génération des arrière-grands-parents. Certaines répétitions viennent mettre à jour ce qui a été oublié, et les dates anniversaires ont également besoin d'être prises en compte. Mettre de la conscience dans cet acte permet d'aligner ce choix avec sa vie et de se libérer des jugements extérieurs, souvent intériorisés et retournés contre soi-même. Quoi qu'il en soit, un avortement est toujours un accouchement de soi-même.

L'INTERRUPTION POUR RAISON MÉDICALE

L'IMG est pratiquée pendant une grossesse en cours qui ne peut être poursuivie pour une raison médicale, soit parce que la vie de la mère est en danger, soit parce qu'une anomalie génétique, mentale ou vitale est détectée chez le fœtus à venir. Dans un cas comme dans l'autre, ce n'est pas un « choix », même si dans certains cas, il est possible de poursuivre la grossesse à son terme tout en en connaissant l'issue. Devoir choisir est une épreuve, et chez de nombreuses femmes, cette énorme charge mentale et physiologique peut se transformer en sentiment de culpabilité ou entraîner une dépression. Certaines choisissent cette interruption afin de ne pas voir leur bébé mourir dans leurs bras à la naissance, le voir mourir en bas âge ou plus tard, d'autres parce qu'elles ne se sentent pas la force de porter le handicap d'un enfant ou d'une opération dangereuse et invasive à la naissance. Perdre un enfant dans ces conditions est une expérience très intense à vivre, et il n'y a pas d'âge « pire » ou « moins pire ». La perte d'un enfant reste un deuil profond qu'un.e psychothérapeute spécialis.ée devra prendre en charge. Cet acte nécessite cependant un accouchement puisque le fœtus est assez développé pour être diagnostiqué : la date anniversaire sera inscrite, jumelée avec la date du décès. Cependant, malgré le diagnostic, certaines femmes choisissent de ne pas interrompre la grossesse et de vivre chaque instant de vie avec leur bébé encore vivant *in utero*, jusque dans sa mort prématurée le jour de l'accouchement. Étant donné que cela reste une grossesse, et que toutes les hormones sont convoquées jusqu'au terme, le corps met du temps à retrouver sa stabilité s'il ne « comprend » pas ce qui se passe. Prendre son bébé mort-né dans les bras permet de se relier à sa présence et de démarrer son deuil pour le vivre en conscience, aussi douloureux puisse-t-il être. Le corps a besoin de voir, sentir, toucher et comprendre la mort pour l'accepter par la suite. C'est un processus cyclique, qui a besoin de temps, de communication, d'acceptation. Plus nous souhaitons oublier vite pour ne pas y être confrontée, plus le deuil dure longtemps. Chaque femme, chaque couple, chaque famille vit une expérience différente, liée à son histoire. C'est en donnant du sens à cette expérience, à cette rencontre et à ce départ, mais également en l'intégrant dans notre vie par les dates anniversaires, par la communication et par la prise en compte des émotions que l'esprit et le corps peuvent s'apaiser.

LA FAUSSE COUCHE

Une personne m'a récemment dit qu'elle ne souhaitait pas appeler cela « fausse » couche, parce que son expérience était « entière » et surtout « vraie ». J'ai trouvé ça magnifique et juste. Il s'agit d'un arrêt involontaire de la grossesse en cours, dû à la vie, à une insuffisance hormonale ou à un choc émotionnel. Elle peut être aussi spontanée, et venir alors informer le corps d'un lien familial à éclairer, à prendre en considération, et à fluidifier. Cela dépend des vécus : chaque personne vivra cette expérience, comme pour l'interruption de grossesse, à la lueur de sa propre vie et du sens qu'elle pourra lui donner. Mais elle a un sens : comme pour l'interruption de grossesse, elle peut préparer à devenir mère, clarifier les mémoires traumatiques liées à l'intimité, ou du moins les mettre en lumière. Elle permet de révéler dans la matière « ce que c'est d'être mère » et, dans ce cas, d'informer la personne d'un désir qu'elle n'avait jamais ressenti avant ou, au contraire, d'une volonté de ne pas avoir d'enfants[1].

1. Voici le témoignage, lors d'une séance de tarot, d'une jeune femme ayant eu recourt à une fécondation *in vitro* : elle-même adoptée, elle s'est rendu compte, suite à une fausse couche vécue après sa FIV, qu'elle ne voulait pas d'enfants. L'équipe médicale a très mal pris sa décision, la qualifiant « d'irresponsable et [d'] incohérente », mais son choix était magnifique et cette expérience lui a tant appris sur elle, sa lignée. Pour moi, elle est allée chercher dans la biologie ce qu'elle ne savait pas de sa propre généalogie. Se connectant à l'information et à l'archétype « Mère » puisqu'elle est devenue mère elle-même, le temps de sa grossesse à court terme, elle a pu ainsi se détacher de ce grand inconnu pour elle et comprendre qu'elle n'avait pas besoin de l'incarner toute sa vie pour raviver la mère en elle. Ce fut un acte thérapeutique qui l'a profondément ancrée dans son corps et sur son chemin de vie.

L'ŒUF CLAIR

Un « œuf clair » signifie que l'embryon n'a pas poursuivi son évolution biologique. Il est arrivé dans l'utérus, mais sa division cellulaire ne s'est pas faite. C'est donc une fausse couche qui se met en place, avec la particularité de ne pas avoir d'embryon dans l'œuf. Symboliquement, il y a la présence d'une création qui ne s'est pas développée, et qui n'est pas allée au bout de son incarnation. Une femme m'a parlé de « bébé fantôme », comme si sa grossesse avait été un instant de rêve qui ne se matérialisait pas physiquement. Cela peut venir mettre en lumière notre rapport à l'incarnation : « Comment vais-je au bout de mes projets ? », « suis-je prête à m'incarner réellement dans ce monde ? » ou encore « qu'est-ce qu'être incarnée pour moi ? ». L'incarnation n'est pas uniquement le moment où nous arrivons au monde, c'est également le moment où, dans notre vie, nous nous connectons à qui nous sommes réellement et nous vivons notre réalisation personnelle, notre individuation.

GROSSESSE EXTRA-UTÉRINE

C'est une grossesse qui se développe dans une trompe de Fallope. Au moment où l'ovaire éjecte l'œuf, le spermatozoïde remonte et féconde celui-ci avant qu'il ait eu le temps de s'implanter dans la paroi utérine. La grossesse extra-utérine est dangereuse, douloureuse, et peut entraîner de graves complications. Elle nécessite une intervention chirurgicale rapide. Sur le plan symbolique, elle interroge notre capacité à créer « au bon endroit », et invite à réfléchir sur la place que nous faisons à notre créativité. C'est peut-être le moment – bien sûr après avoir digéré la nouvelle, l'intervention chirurgicale, et s'être remise physiquement et émotionnellement – de se réorienter dans son métier, suivre une formation pour trouver la voie qui nous appellera à faire vivre notre talent personnel, créatif, inventif. La grossesse extra-utérine « replace » l'être dans son domaine de prédilection, lui propose de changer de voie et d'accepter son talent personnel pour le mettre au monde.

• RITUEL •

RITUEL D'ACCOMPAGNEMENT DE LA MÉNARCHE[1]

Afin d'apporter de la joie lors des premières règles, la grande sœur, la mère, la tante ou la grand-mère peuvent accompagner la jeune fille à travers un rituel de célébration. Vous pouvez commencer par demander à la jeune fille ce qu'elle aimerait vivre et lui faire des propositions. Parmi les témoignages autour de moi, certaines de mes amies m'ont confié qu'elles auraient aimé vivre des moments privilégiés, comme on peut en vivre lors d'un anniversaire :

• faire un voyage avec une femme adulte qu'elle admire (leur mère, grande cousine ou tante fétiche) ;

• recevoir un cadeau spécial (un peu comme pour un baptême ou une communion) ;

• avoir une autorisation spéciale pour faire quelque chose qu'elle rêve de vivre ;

• une soirée simple en tête à tête avec leur mère ou une autre femme, à un concert ou dans un restaurant pour manger un plat qu'elle adore ;

1. Période des premières menstruations.

• avoir sa première autorisation de sortie à une soirée, comme une bénédiction sacrée qui renforcerait sa confiance en elle.

Vous pouvez proposer à la jeune fille d'organiser une célébration avec les femmes initiées qui l'entourent dans sa vie. Des personnes qu'elle aime et qui lui offriraient amour et témoignages bienveillants sur ce passage de vie, tel qu'elles l'ont vécu.

Parmi les présents symboliques et les conseils qu'elle pourrait recevoir :

• vous pourriez lui offrir un kit avec un calendrier lunaire, une bouillotte, une culotte ou coupe menstruelle, et tout ce que vous jugerez important ;

• vous pouvez aussi lui transmettre, si cela n'a pas déjà été fait, des connaissances sur les phases de son cycle, lui proposer un cercle de femmes, un massage ou un soin qui lui fasse du bien et la connecte avec son corps ;

• vous pouvez lui remettre un carnet dans lequel vous-même et les autres femmes de son entourage aurez consigné au préalable toutes les qualités que possède cette jeune femme, soulignant ses capacités intellectuelles et créatives, ses aptitudes physiques et spirituelles.

• Tenir son calendrier pour dialoguer avec la Lune

Vous pouvez adapter les quatre archétypes que sont la Vierge, La Mère, l'Enchanteresse ou la Sorcière, à votre propre vision, sensibilité et culture. Ainsi, il est possible par association d'idées de remplacer ces symboles par des images qui parlent à votre imaginaire : animaux, pierres, végétaux, planètes, héroïnes ou héros contemporains, déesses grecques, égyptiennes, indiennes ou afro-caribéennes, carte d'oracle ou encore titre de conte qui vous ont marquée quand vous étiez enfant : vos images.

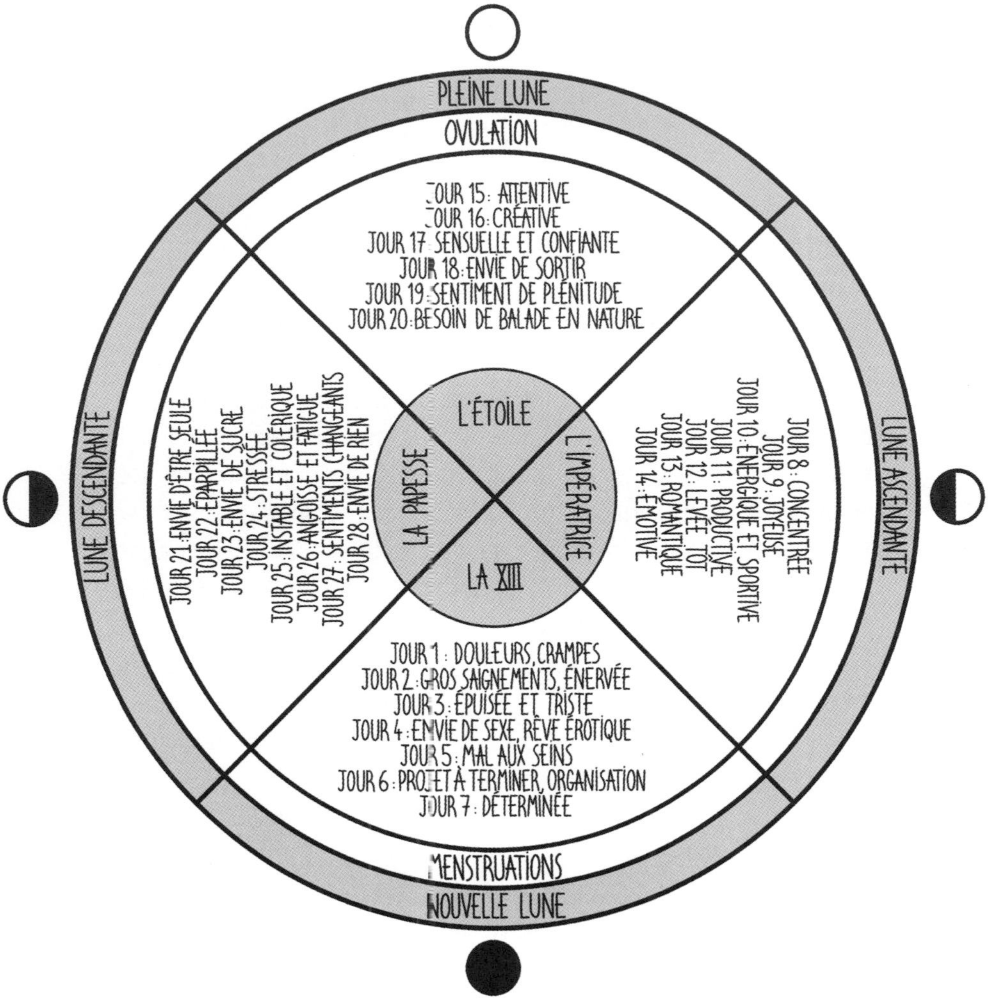
PLEINE LUNE
OVULATION
JOUR 15 : ATTENTIVE
JOUR 16 : CRÉATIVE
JOUR 17 : SENSUELLE ET CONFIANTE
JOUR 18 : ENVIE DE SORTIR
JOUR 19 : SENTIMENT DE PLÉNITUDE
JOUR 20 : BESOIN DE BALADE EN NATURE
LUNE DESCENDANTE
JOUR 21 : ENVIE D'ÊTRE SEULE
JOUR 22 : ÉPARPILLÉE
JOUR 23 : ENVIE DE SUCRE
JOUR 24 : STRESSÉE
JOUR 25 : INSTABLE ET COLÉRIQUE
JOUR 26 : ANGOISSE ET FATIGUE
JOUR 27 : SENTIMENTS CHANGEANTS
JOUR 28 : ENVIE DE RIEN
L'ÉTOILE
LA PAPESSE
L'IMPÉRATRICE
LA XIII
JOUR 8 : CONCENTRÉE
JOUR 9 : JOYEUSE
JOUR 10 : ÉNERGIQUE ET SPORTIVE
JOUR 11 : PRODUCTIVE
JOUR 12 : LEVÉE TÔT
JOUR 13 : ROMANTIQUE
JOUR 14 : ÉMOTIVE
LUNE ASCENDANTE
JOUR 1 : DOULEURS, CRAMPES
JOUR 2 : GROS SAIGNEMENTS, ÉNERVÉE
JOUR 3 : ÉPUISÉE ET TRISTE
JOUR 4 : ENVIE DE SEXE, RÊVE ÉROTIQUE
JOUR 5 : MAL AUX SEINS
JOUR 6 : PROJET À TERMINER, ORGANISATION
JOUR 7 : DÉTERMINÉE
MENSTRUATIONS
NOUVELLE LUNE

Dessinez votre cadran le premier jour de vos règles. Si vous êtes sous hormones ou que vous n'avez plus ou pas de règles, vous pouvez démarrer à la Nouvelle Lune et observer votre cycle à travers vos ressentis.
Faites un cercle ou un ovale, et scindez-le en quatre parties. Notez dans chaque partie les cycles de la Lune :

- Nouvelle Lune
- Lune croissante
- Pleine Lune
- Lune décroissante

Associez à ces 4 phases l'archétype de votre choix, si vous en avez un qui vous parle, ou à une saison, un élément, une pierre ou une plante.
Commencez à noter vos ressentis, émotions et projets, tout ce qui permettra de comprendre comment vous vous sentez.
Vous pouvez le dessiner sur un support plus grand que vous fixerez au mur. Vous pouvez le peindre, y associer des couleurs, des photos. Vos créations vous permettront d'aller plus loin dans la connaissance de vous-même. Chaque partie de ce cadran fait sept jours. Ce n'est pas tout à fait exact mais c'est à vous, au fil des mois, d'être de plus en plus précise dans votre ressenti pour comprendre combien de temps durent vos cycles. Vivre votre cycle au quotidien sera à la fois intéressant et bénéfique pour créer votre vie en fonction de vos potentiels énergétiques.

Mon conseil

Vous pouvez associer à ce cadran vos températures prises le matin pendant votre phase ovulatoire si vous pratiquez la symptothermie, ou encore l'observation de votre col de l'utérus. Plus vous aurez d'éléments, plus vous vous connaîtrez.

• Apprivoiser votre sang et le sublimer

De nombreux rituels liés au sang menstruel existent et permettent de se connecter à sa puissance afin de mieux vivre sa présence et le lien à nous-même.

Goûtez votre sang

Si l'idée de goûter son sang menstruel peut en dégoûter certaines, c'est peut-être justement la bonne solution pour enfin passer un cap et faire bouger sa vision. Vous n'êtes pas obligée de boire votre coupe menstruelle, mais une simple goutte dans un verre d'eau peut vous permettre d'envoyer l'information à votre corps entier et de conscientiser le fait que vous êtes prête à écouter votre cycle. Cela peut être un rituel simple mais puissant pour démarrer un cadran lunaire, par exemple. Certaines femmes boivent leur sang à chaque cycle, et pour cause : comme le placenta, il est plein de vertus. Les cellules souches et les hormones qui le composent sont de précieuses sources nutritives, à condition d'avoir une alimentation correcte et une vie saine, sans fumée ni médicaments et sans alcool. En fonction des cycles, certaines femmes sentent que son goût change. Une personne m'a confié qu'après une mono-diète de fruit, son sang avait le goût du fruit !

Retour à la Terre

D'autres femmes préfèrent arroser leurs plantes avec leur sang menstruel. C'est un engrais naturel puissant, donc attention à ne pas en mettre trop. Vous pouvez aussi le mélanger à l'eau pour le diffuser dans votre jardin. Au fil du temps, ce rituel permet de vivre son cycle en conscience grâce à l'action de transmission de ce sang vivant à d'autres créatures vivantes.

Faire l'amour pendant ses règles

C'est un acte banal pour certaines, et inconcevable pour d'autres. Au-delà de l'aspect salissant, demeure l'idée, dans certains esprits, que le sexe pendant les règles ne serait que du « sexe pour le sexe » puisqu'il ne permettrait pas de tomber enceinte. C'est tout à fait faux, mais c'est surtout, comme la sodomie, une vision très réductrice et traditionaliste de la sexualité. Les interprétations bibliques visant à dire que la femme serait « impure » pendant cette période ont énormément influencé cette vision. Le sang tache, c'est sûr, mais quand l'excitation est là, la lessive devient secondaire[1]. Certaines femmes ne le pratiquent pas car elles n'en ressentent tout simplement pas le désir, ou se sentent ballonnées, fatiguées, et absolument pas d'humeur par manque d'excitation ou d'envie de séduire.

Pour celles qui aiment, il y a une idée profondément bestiale, animale et excitante derrière le fait de faire l'amour pendant ses règles. Une femme m'a dit un jour : « À chaque fois que je fais l'amour pendant mes règles, j'ai le sentiment d'initier mon partenaire au secret de la vie. » Une autre personne m'a confié que sa première éjaculation orgasmique avait éclaboussé ses draps à la fois de son liquide prostatique et de son sang menstruel. Avoir ses règles en plein orgasme et pouvoir les associer à du plaisir l'ont profondément touchée. Le plaisir sexuel transforme la douleur des règles en un moment de pur bonheur.

1. Il est vrai que le sang est difficile à nettoyer ! Laissez tremper vos draps quelques heures dans une bassine remplie d'eau à laquelle vous ajoutez la moitié d'une bouteille de produit pour faire les vitres. Ensuite, passez le tout à la machine en suivant votre programme normal. J'ai sauvé mes draps d'accouchement avec cette méthode, et de nombreuses tenues portées pendant mes performances artistiques.

Mon conseil

La masturbation peut soigner certaines douleurs, les va-et-vient du coït peuvent masser l'intérieur du ventre, et l'excitation accélère le rythme cardiaque qui favorise une meilleure circulation, et donc, un meilleur écoulement.

LE SYMBOLE DE LA PLAIE

Pour certains hommes ou femmes, faire l'amour pendant les règles de sa partenaire demeure impossible, car le sang fait aussi écho à la symbolique de la plaie. Se retrouver face à du sang peut renvoyer à ses propres plaies, ses violences intérieures et son rapport à la douleur. Un homme qui aura vécu la guerre dans son pays, par exemple, pourra tout à fait refuser cette pratique sans savoir pourquoi.
Le rouge de la tache de sang dérange, perturbe, renvoie à tellement d'histoires intimes et collectives... Le refus n'est pas forcément dû à la peur du corps féminin, mais bien à des blessures intérieures plus profondes.

PEINDRE OU ÉCRIRE AVEC SON SANG

De nombreuses artistes issues de la mouvance Body Art des années 1960 ont écrit, peint, sculpté, tricoté, filmé, performé le sang menstruel. Qu'il s'agisse d'avant-gardistes comme Judy Chicago, Shigeko Kubota ou Ana Mendieta jusqu'aux très récentes artistes Laëtitia Bourget, Rupi Kaur ou encore à l'illustratrice John Anna, le sang des règles est un précieux médium pour créer. En conservant son sang au congélateur, il est possible de s'en servir pour écrire ou peindre avec. L'avantage de ce sang est qu'il ne coagule pas ! Il restera donc plus ou moins liquide, même après décongélation. La symbolique peut être très forte, belle, et elle est cathartique pour celles qui ne croient pas en elles, qui ne se considèrent pas, ou qui ont du mal à matérialiser leurs projets. Écrire peut aussi libérer des mots, et soulager ainsi les maux liés aux cycles. Peindre permet de révéler le sang comme un vrai pigment et donne vie à une création.

EN PRATIQUE

Essayez de vous écrire une lettre avec ce sang (il existe des Posca vides prêts à être remplis d'encre dans les magasins de beaux-arts), simplement pour rappeler pourquoi vous êtes fière de vous, de vos projets, de votre famille ou de votre créativité. Écrivez tout ce que vous aimeriez que l'on vous dise, comme si vous étiez votre propre coach. Ce rituel est parfait si vous n'arrivez pas à concrétiser un projet, ou si vous avez peur de vous lancer, car il permet de vous rappeler pourquoi vous le faites et comment vous allez réussir.

Une fois la lettre écrite, attendez qu'elle sèche.

Mettez-la dans une enveloppe avec un timbre et envoyez-la à votre adresse postale.

Deux jours plus tard, vous recevez du courrier... Et c'est de votre part... Ou plutôt de la part la plus intime de votre créativité : lisez-la à voix haute et déposez-la dans votre autel-utérus, si vous en avez un (voir plus loin).

OPTER POUR LE FLUX LIBRE INSTINCTIF

Le flux libre consiste à ne porter aucune protection hygiénique durant la période de saignement menstruel, à sentir l'instant où l'écoulement arrive au niveau du col et du vagin, à contenir ce sang par la contraction du périnée et à l'expulser aux toilettes comme si on allait uriner. Je le pratique depuis quinze ans, sans savoir qu'il porterait un jour un nom, car dans mon cas, c'était, comme son nom l'indique, purement « instinctif ». La gêne, les frottements, l'odeur ou simplement le coût et la composition des protections hygiéniques m'étaient insupportables.
Pour passer à cette méthode, il faut s'écouter, passer outre des taches dans la culotte ou ailleurs, c'est-à-dire ne pas avoir peur, ni être dégoûtée, ni avoir honte de son sang. Si depuis l'adolescence l'éducation pousse à croire que le sang des règles coule en continu, que c'est animal ou non maîtrisable, voire une forme d'incontinence, il est normal de penser qu'il est impossible de le retenir.

EN PRATIQUE

Dans un premier temps, il faut observer la relation entretenue avec son propre sang et se connecter avec son cycle – si ce n'est pas déjà fait. Aimer voir son sang, le toucher, le sentir, comprendre à quel moment et comment il coule.
Ensuite, il faut être ancrée dans son corps. Ressentir son bas-ventre et les écoulements avant qu'ils sortent. C'est la base de cette pratique : sans cette sensation, il est difficile de se servir de son périnée pour retenir le sang.

Une fois intégrée, la rétention se met en place très vite. Il suffit de prendre le temps pendant quelques jours de vacances, dans l'intimité de chez soi. La sensation est la même à chaque fois, c'est comme un petit glissement qui chatouille le vagin, près du col. Lorsque cette sensation arrive, il faut resserrer ses muscles du périnée et aller aux toilettes, pour relâcher.

Précautions

Au début vous pouvez porter une culotte ou coupe menstruelle pour les moments délicats (embouteillages, réunions ou transports en commun), petit à petit vous n'en aurez plus besoin.

La nuit, l'écoulement finit par se réguler. Le sang ne coule plus en position allongée. Il peut, par contre, sortir d'un seul coup au réveil. Pensez-y si vous vous réveillez pendant la nuit.

Au bout de plusieurs mois de pratique, l'évacuation du sang survient uniquement lorsque vous êtes dans une posture de détente : aux toilettes, mais également dans votre bain ou votre douche. Dans l'eau du bain, il peut même faire du bien à votre peau puisque ce sang est plein de cellules souches.

Mon conseil

Au début, c'est bien d'avoir sa bouteille d'eau avec soi et de boire toute la journée. En allant uriner souvent, vous vous protégez d'éventuelles taches. Avec le temps, le sang se synchronise avec l'envie d'aller aux toilettes. L'urine vient même « rincer » le sang si celui-ci s'écoule avant. L'intelligence de votre corps l'intègre rapidement.

RÉALISER SON ARBRE GYNÉCOLOGIQUE

Comme on l'a vu plus haut, le plus intéressant dans la création de son arbre, c'est de pouvoir observer les événements sur quatre générations seulement et d'en noter les répétitions en les faisant apparaître par des signes distinctifs. Avec des dates, des noms, des religions, des métiers, mais aussi les relations, cachées peut-être…

• EXERCICE •

1ÈRE ÉTAPE : CRÉER VOTRE ARBRE

Prenez une feuille suffisamment grande pour écrire tout ce dont vous aurez besoin. Une A3 peut suffire au début.
Commencez par faire un tronc, dans lequel vous vous placez au milieu de votre fratrie. Faites attention à placer les disparus à leur place : fausses couches, interruptions volontaires ou médicales de grossesses, enfants morts en couches ou plus tard. Toutes et tous font partie de votre fratrie et vous positionnent par rapport aux autres. Par exemple, si vous pensiez être l'aînée et qu'un enfant est mort avant vous, alors vous êtes la seconde.
Ensuite, placez vos parents. La mère à gauche, côté cœur – la voie interne, puisqu'elle est la rencontre biologique. Votre père à droite, puisqu'il est rencontre « sociale ». Placez ensuite leurs frères et sœurs, dans l'ordre. N'oubliez pas les « absents ».

Puis remontez petit à petit pour aller vers vos grands-parents puis arrière-grands-parents… À ce stade, vous aurez certainement des trous dans l'arbre : ce n'est pas grave.

Choisissez vos symboles pour commencer à référencer les cases d'informations plus personnalisées pour chacune et chacun. Par exemple, les mariages peuvent être représentés par des ∞ pour signaler les unions, des ≠ pour les séparations ou divorces, des ∇ pour les fausses couches, Δ pour les interruptions de grossesse, n'hésitez pas à les mettre en rouge pour les différencier des autres symboles. S'il n'y a pas d'enfants, vous pouvez écrire ⊗ ou à l'inverse mettre le nombre d'enfants dans un rond. Si un enfant est parti trop tôt, vous pourrez l'indiquer d'un rond noir. De la même façon, les personnes décédées peuvent être symbolisées par des carrés noirs ou des croix funéraires. À vous de trouver vos propres symboles et de les respecter.

Commencez à écrire les métiers de chacune et chacun, les dates si vous en connaissez (mariages, décès, anniversaires…) mais aussi tout ce que vous considérez comme important : les maladies, les incestes, les adultères, les accouchements difficiles comme les moments de gloire, les réussites professionnelles, les voyages.

Vous pouvez aussi vous inscrire sur des sites généalogiques pour aller chercher des informations précises : peut-être que certains cousins ont déjà fait une partie du travail et ont partagé des informations ? Certaines branches de votre arbre peuvent être présentes sur ces sites[1], faites par des proches ou des personnes portant le même nom de famille que vous.

1. Pour ma part, je m'étais inscrite sur le site https://www.geneanet.org.

· ARBRE FAMILIAL ·

Mon conseil

• Pour réaliser votre arbre il faut prendre le temps. Cela peut même durer plusieurs années. Si vous avez la chance d'avoir encore vos grands-parents, posez-leur des questions sur leurs parents et grands-parents. Allez interroger vos tantes, vos cousins. Puis reprenez le travail quand vous sentez que c'est bon pour vous. Sachez que si vous êtes décidée à le remplir, il se remplira : les secrets de famille s'ouvrent comme par magie si vous décidez de sortir de vos cycles de vie.
• Ne vous reposez pas sur l'arbre qu'a pu faire votre cousin ou votre sœur, c'est de votre regard qu'il s'agit. Chaque arbre doit être fait par et pour soi. Les informations sont récoltées dans le but de se reconnecter à ses émotions, et non pas à l'histoire de la filiation.
• Si vous faites votre arbre une fois dans votre vie, sachez que la naissance d'un enfant ou le deuil d'un parent peut modifier votre vision de vous-même, donc de l'arbre. N'hésitez pas à le retravailler avec un œil nouveau au fil des années : il vous accompagnera comme un miroir.

2E ÉTAPE : OBSERVER LE CORPS DE L'ARBRE

Une fois que vous avez suffisamment d'informations, observez votre arbre, et en particulier les symboles que vous y avez inscrits. Comment s'organisent-ils ? Sont-ils tous du même côté ? Se répètent-ils de génération en génération ? Y a-t-il des dates qui reviennent ? Des décès ou des naissances qui sont marqués par les mêmes jours ou mois ? Toutes ces indications vont vous permettre de prendre du recul par rapport à votre histoire personnelle et aux expériences de votre propre vie, heureuses ou douloureuses.

3E ÉTAPE : OBSERVER VOTRE CORPS PHYSIQUE

Observez-vous lors de la création de votre arbre.

Lors de la première ébauche, de mémoire, avez-vous rempli le côté droit ou le côté gauche en premier ? Si vous avez pu remplir le côté gauche (mère) mais pas le côté droit (père), vous pouvez observer la manière dont vous vivez physiquement chaque côté de votre corps. Par exemple, votre ovulation côté droit est-elle plus douloureuse que celle côté gauche ? Avez-vous déjà eu des problématiques au niveau des ovaires (rupture de kyste, grossesse extra-utérine, opération) ? Vous pouvez étendre votre observation à l'ensemble du corps : vos yeux (votre manière de voir le monde, de pleurer et faire le deuil des proches ou encore votre propre reconnaissance), vos bras (votre manière d'agir, de passer à l'action), vos mains (votre créativité), vos seins (la manière dont vous nourrissez symboliquement ce monde). Il est possible d'observer également ses cycles en conscience, et de tenter de mieux cerner pourquoi nous les vivons bien ou moins bien. Ou encore, si nous avons traversé des complications gynécologiques, comment les comprendre face au miroir de notre arbre généalogique : comment les femmes de notre lignée vivent-elles les grossesses ? Les accouchements ? Leurs liens aux hommes ? Combien d'entre elles ont des enfants et combien, en moyenne, par famille ? Qui est la « folle », la « vieille fille » ou la « garce » de la famille ? Pourquoi ? Intéressez-vous à toutes les femmes : leurs noms, leurs surnoms, leurs métiers…

Quelquefois, lorsque les réponses manquent du fait que les membres de la famille ne sont plus là pour parler, il est possible d'aller interroger son propre corps en méditation. « Qui se cache dans la douleur que je ressens dans mes lombaires ? », « pourquoi ai-je dû subir une hystérectomie ? » ou encore « pourquoi mes relations avec les hommes sont-elles si violentes ? ».

Vous pourrez obtenir des noms, des prénoms, voire des dates si ce travail est fait en conscience, et dans une volonté de dépasser vos croyances sur vous-même. Il ne s'agit pas de réponses formelles, mais plutôt de guidance. À vous d'aller ensuite trouver les réponses à vos intuitions.

• RITUEL •

RETROUVER SYMBOLIQUEMENT SON SANG ET SES CYCLES

Lorsque le sang menstruel n'est plus présent et que cette absence n'est pas la conséquence d'une contraception ou d'un traitement hormonal, ou encore d'un trouble lié à l'alimentation ou au sport, il est intéressant de recréer son cycle artificiellement en suivant les cycles de la Lune, pour l'inviter à revenir.
À chaque fois que vous déciderez de votre premier jour de règles (à la Pleine Lune ou à la Nouvelle Lune, en fonction de votre intuition), mettez une culotte blanche et faites-y une tache de jus de grenade ou de betterave, comme si vous l'aviez tachée de votre propre élixir. Faites-le pendant au moins trois à cinq jours, en fonction de votre ancien cycle.
Faites un cadran lunaire pour suivre ce faux cycle, et notez vos ressentis dedans, afin de vous reconnecter à votre vrai cycle. Les pilules contraceptives provoquent bien de fausses règles, alors pourquoi ne pas créer les vôtres ? Vous pouvez également ajouter d'autres petits rituels, comme vous habiller uniquement en rouge pendant ces quelques jours, peindre une feuille, un mur ou des objets en rouge ou encore faire une mono-diète de fruits ou de légumes

rouges (raisins, framboises, fraises, grenades, myrtilles, tomates, betteraves) et tout ce qui vous fera plaisir tant qu'il y a du nectar rouge disant à votre inconscient qu'il est l'heure de saigner ! Le fait de matérialiser le rouge dans sa culotte, son corps, au moyen des sens – la vue, le toucher et même le goût – permet de faire revenir le sang d'une manière symbolique. Même si cela n'a rien à voir avec du sang humain, le goût du fruit reste le sang du fruit : ce symbole primitif est une image source pour l'inconscient.

LE SANG ALCHIMIQUE

La transsubstantiation est un rituel de transmutation alchimique tout comme le sont également les cycles menstruels. Le vin n'est-il pas, depuis deux mille ans, le substitut du « sang du Christ » pendant la messe ? Lorsque le prêtre fait appel à la présence du sang par le vin, il ravive dans le cœur des chrétiens le symbole de sa vie, de sa présence et de son amour. La transsubstantiation est un rituel de transmutation alchimique. Même si nous n'avons pas reçu d'éducation religieuse, notre culture en est imprégnée : c'est dans notre mythologie collective.

• RITUEL •

DEUIL APRÈS UNE INTERVENTION SUR UNE GROSSESSE OU UNE FAUSSE COUCHE

Si un avortement ou une fausse couche s'est déroulé fin février et que votre cycle menstruel vous fait souffrir tous les ans à cette période, il peut être intéressant de vous pencher sur cette expérience passée. Il n'est pas nécessaire de faire grand-chose, mais agir en conscience sur le corps peut libérer cette mémoire.

Vous pouvez masser votre utérus avec une huile spécifique, twerker, ou encore dresser un petit autel à votre utérus et y placer une bougie chaque année.

Vous n'êtes pas obligée de vous justifier à qui que ce soit, c'est vous qui savez ce qui sera le mieux. Il est important que vous agissiez sur votre corps physique dans la conscience de cette mémoire expérientielle pour l'intégrer et la rendre moins douloureuse. Ce n'est pas parce que votre corps a évacué seul cet embryon que votre esprit est en paix avec cela. À l'inverse, ce n'est pas parce que c'est vous qui avez décidé de mettre un terme à la grossesse que votre corps n'a pas enregistré de bouleversement physiologique et la « perte » d'un embryon ou d'un fœtus. L'idée n'est pas de savoir si vous regrettez ou pas votre avortement, si c'était le « bon » ou le « mauvais » choix... Quoi qu'il se soit passé, ce choix était juste au moment où il a été fait. Il ne s'agit pas non plus de pleurer sa fausse couche tous les ans et de rester bloquée sur le passé : votre corps connaît la route à suivre pour avancer. Simplement, si vous en ressentez le besoin, une lettre peut être écrite et envoyée pour accepter la situation ou pour vous pardonner ce choix. Elle peut s'adresser à vous-même comme à l'embryon (dans le cas d'une IVG) ou même au fœtus (dans le cas d'une IMG). Comme on l'a dit, une grossesse interrompue peut être une préparation à être mère ou à devenir mère pour soi-même. C'est une grossesse quand même, et c'est un deuil physiologique. Pour être réellement dans l'amour et le respect de la vie, il faut pouvoir accepter la mort, savoir la regarder et l'accompagner, même quand elle ne semble pas pesante au premier abord, même quand elle ne concerne pas un être que vous avez connu physiquement, même lorsque vous pensez l'avoir dépassée…

En pratique

Commencez par nommer la période, l'évènement.
Puis choisissez un nom pour l'embryon ou le fœtus (si ce n'est pas déjà fait). Cet acte permet de «reconnaître» la grossesse. Le nom choisi n'est pas forcément formel ou sérieux. Des femmes ayant avorté m'ont confié avoir donné des noms tout à fait drôles aussi, parce que les situations traversées avaient été particulièrement tristes ou imprévisibles et qu'elles avaient besoin de prendre de la distance grâce à l'humour. Le tout est de le faire dans l'amour et le respect de votre expérience.
Écrivez ensuite la lettre en y déposant tout ce que vous avez ressenti et comment vous vous sentez aujourd'hui grâce à cette expérience. Vous pouvez ressentir de la gratitude, de la culpabilité, de l'amour, de la joie, de la peur ou même du regret. Ne cherchez pas à juger vos émotions, posez-les simplement sur le papier.
Une fois la lettre écrite, vous pouvez la porter dans l'océan, la mer ou une rivière : une eau qui bouge, qui vit et qui envoie le message au corps de la Terre. Vous pouvez aussi l'enterrer au pied d'un arbre, mais ne la brûlez pas : laissez-lui le temps de disparaître et de nourrir d'autres éléments autour d'elle. Le feu n'a pas la même symbolique que la Terre pour l'inconscient. Le feu purifie avec radicalité, la terre, elle, recycle, nourrit et propose une nouvelle forme de vie.

Mon conseil

S'il s'agit d'une fausse couche ou d'une IMG, vous pouvez aussi lui parler de ses frères et sœurs, de la famille si vous étiez plusieurs à l'attendre. Vous pouvez même lui dire au revoir tous ensemble. C'est un excellent moyen pour les membres de la fratrie de faire leur deuil également, car même les plus petits comprennent et en ont besoin.

• RITUEL •

CRÉER SON AUTEL-UTÉRUS

Avoir un autel chez soi, c'est comme avoir mis un cœur dans sa maison. Afin de matérialiser le contact avec votre corps, de parler, communiquer avec vos propres parois intimes et invisibles à votre œil, il est possible de créer son propre utérus : votre utérus est votre foyer de création, mais la relation que vous entretenez avec lui peut être compliquée, douloureuse, source d'inquiétudes et de questionnements. En créant un petit autel, vous allez pouvoir entrer en lien avec son énergie, directement en face à face. C'est à faire si vous sentez que vous avez besoin de rentrer en lien avec lui, de lui parler, de le regarder en face, de le comprendre, de lui donner de l'amour… Et cela peut être fait par des femmes qui n'ont pas ou plus d'utérus : au contraire ! C'est une manière symbolique de rendre visible l'invisible et de vous relier à votre foyer intérieur.
Vous pouvez prendre une caisse en bois toute simple et coller des morceaux de tissu rouge à l'intérieur, au pistolet à colle. Vous pouvez aussi le créer à partir d'un miroir ancien, en fixant un plateau à la

base, où poser les objets que vous souhaitez y placer. Vous pouvez également choisir de le faire sur un meuble ou une étagère, si vous ne vous sentez pas de bricoler.
Placez-y tout ce qui vous anime dans votre vie : images, photos, dessins, sculptures, figurines, portraits de femmes inspirantes, bougies, encens... L'idée est de le voir, de le matérialiser et de lui rendre sa place dans votre vie quotidienne.
Chaque fois que vous sentez que vous en avez besoin, allumez une bougie, écrivez-lui un petit mot, mettez un peu de sauge ou d'encens pour délivrer vos pensées négatives et vos idées à son sujet. Si vous en éprouvez le besoin, déposez quelques prières, paroles ou mantras lors de dates anniversaires qui vous font mal au ventre : vos fausses couches ou IVG, vos projets de bébé qui ne se sont jamais incarnés, mais qui restent comme des petits papillons dans votre ventre, pris au piège du temps, du contexte et des situations. Libérez-les ! Accouchez-les ! Laissez-leur la place d'être là, offrez-leur une pensée, et donnez-leur le droit de partir aussi.

• Rituel quantique pour se préparer à être mère

Tout comme la lettre de deuil pour dire « au revoir » à son bébé, une fausse couche ou une IVG ou IMG, ce rituel consiste à écrire une lettre, mais cette fois pour dire « bienvenue » à l'enfant qui choisira de s'incarner dans votre ventre.
Dans cette lettre adressée directement au bébé, à cette âme, expliquez-lui que vous êtes prête à le recevoir dans vos entrailles. Cette lettre est simplement un appel de votre cœur à votre corps, de votre conscience à votre inconscient et de votre expérience personnelle à l'immensité collective et cosmologique. Cela peut sembler un peu extravagant, mais ce rituel a permis à des femmes de devenir mères, alors que leur médecin leur avait dit qu'elles ne le pourraient pas.

Une fois la lettre écrite, portez-la dans une rivière, un fleuve, un océan ou la mer pour que, symboliquement, le message soit incorporé en vous et fasse son chemin. L'eau est le symbole de l'amour, des émotions, la base de la vie. Si cela vous semble étrange d'écrire de tels mots alors que vous n'avez pas encore d'enfant dans le ventre, dites-vous que l'inconscient ne comprend pas le futur ni le passé, mais uniquement le présent. C'est la force de ce que vous ressentez aujourd'hui qui permet la création de demain.

Mon conseil

La lettre est plus puissante si elle est écrite avec votre sang menstruel. Dans le cas d'une aménorrhée, vous pouvez aussi l'écrire à l'encre rouge. Pour ma part j'ai mélangé mon sang au sperme de mon compagnon pour écrire la mienne.

PRÉPARER SON RITUEL D'ENFANTEMENT

Accoucher est un acte sexuel

RESPECTER LE CONSENTEMENT

Aucune femme ne devrait être au service d'une équipe médicale et de son confort professionnel. La frontière entre les normes d'accouchement et les violences obstétriques est très fine, et il est nécessaire que chaque couple défende ses propres choix, connaisse ses droits et impose ses limites[1]. Tout comme l'acte sexuel, l'accouchement exige du consentement et du respect. Devoir choisir entre « ce qui doit être fait » et ce que « je ne veux pas » ne devrait pas exister. Si la grossesse s'est bien déroulée et que la santé des concernées est bonne, il

1. Vous pouvez télécharger le guide juridique « Accouchement, mes droits, mes choix » sur le site de la Fondation des Femmes : https://fondationdesfemmes.org/guide-juridique-accouchement/.

n'y a rien que nous devrions « subir » pour mettre au monde un enfant. Enfanter – comme faire l'amour – est un acte vieux comme l'humanité.
Imaginez simplement être en train de faire l'amour, et qu'une équipe médicale entre dans votre chambre pour vérifier si vous mouillez bien, si votre clitoris ou votre partenaire bande correctement, prenne votre température ou votre pouls, mesure votre dilatation pour savoir si vous êtes assez excitée pour mener votre action au bout... Il y aurait de quoi vous la couper !

LA PERFORMANCE

La réalisatrice italienne Gabriela Pacini, sage-femme et présidente de l'association Freedom for Birth Rome action group, fait ce parallèle en image à travers un court-métrage[1] efficace diffusé en masse sur les réseaux sociaux et lors des événements liés à la « Semaine mondiale de l'accouchement respecté » qui se déroule en mai. Elle montre un couple en train d'essayer d'avoir un rapport sexuel dans une chambre d'hôpital où le personnel effectue des va-et-vient pour contrôler « si tout se passe bien » dans leurs corps respectifs.

Mettre les femmes sous perfusion, faire des touchers vaginaux, laisser entrer du personnel soignant, imposer des hormones de synthèse, déclencher les accouchements ou interdire aux partenaires d'être présents... Autant de pratiques habituelles

1. Gabriela Pacini, *La Performance*, court-métrage, 7'37, 2014, disponible sur Youtube.

à l'hôpital mais contre-productives et irrespectueuses pour les femmes et les couples qui enfantent. Il est normal de crier, de pleurer, d'avoir peur, d'avoir mal, de bouger, de chanter ou de gémir et de jouir pendant un accouchement. En revanche, il n'est pas du tout normal d'accoucher sur le dos, de devoir porter un masque, d'être attachée à une perfusion, un monitoring sans pouvoir manger, boire ou uriner… Tout comme il n'est pas normal de retirer un bébé à sa mère dès les premières minutes, de mettre les pères de côté, d'imposer des hormones chimiques, des péridurales ou épisiotomies sans consentement, ou encore d'appuyer sur le ventre pour expulser l'enfant ou le placenta.
Chaque époque, chaque culture ont mis en place des manières de faire, des rituels, et développé bon nombre de croyances autour de l'accouchement. Malheureusement, ce sont ces éléments extérieurs à la naissance qui impactent le bon déroulement physiologique des naissances. L'hôpital, en France, est un univers parfois très hostile à la naissance physiologique, où les erreurs par manque de temps, d'éducation à la physiologie et par prévention des risques sont très courantes. Comme celles-ci sont « réparées » par la suite, elles sont banalisées. En revanche, pour la personne qui accouche et la vie de l'individu qui naît, comme pour le père ou la partenaire, cela peut être un véritable traumatisme. Tout comme l'activité sexuelle qui prend le temps de se répandre en nous à un rythme bien particulier, mais également comme l'activité du sommeil qui a besoin de temps, de calme et d'obscurité pour nous faire entrer dans ses bras, l'accouchement est une activité naturelle qui a grandement besoin de respect, d'obscurité et d'intimité pour pouvoir se dérouler normalement.

LA PUISSANCE DE L'INTIME

Chercher à préserver son intimité n'est pas qu'une question de pudeur, c'est une vraie volonté d'entretenir une proximité profonde avec soi-même. « Intimité » est un dérivé latin de « intimus » qui signifie « ami confiant ». Parce qu'en effet, être intime avec soi-même, c'est savoir que la personne la plus proche de nous-même, la plus complice de nos secrets, de nos exigences et de nos intentions, c'est bien nous-même.

Si le terme « intime » s'étend à l'idée d'appartenance et englobe la famille, les relations et la vie corporelle et sexuelle, c'est qu'il induit un besoin de sécurité, de protection, de séduction. Se sentir vulnérable face à l'autre, mais savoir qu'il ou elle est là pour nous accueillir en toute confiance et sans jugement, est la clef de cet entre-soi. Nous décidons qui entre dans notre vie et qui en sort, qui passe la porte de notre foyer, qui partage nos repas ou écoute nos confidences…

Pour un événement aussi intime et unique que l'accouchement, c'est la même chose : nous devons être décisionnaires de nos corps et de leur protection en nous préservant des interventions extérieures. Ce qui se passe dans les profondeurs de soi pendant cet instant est trop animal, charnel et puissant pour être interrompu, stressé ou amputé d'une intimité nécessaire à cette expérience.

L'intimité est un état primitif, un lien de proximité qui nous renvoie toutes et tous au ventre maternel, à son sein, au regard de nos parents et à leur affection. La proximité sensuelle avec la mère est entière et immersive : ses battements cardiaques, son alimentation, ses émotions vécues « du dedans » mais aussi ses gargouillis intestinaux, ses rires, sa voix, ses chants et ses jouissances, nous construisent à chaque instant, pendant neuf mois.

Nous arrivons au monde dans une dimension extrêmement sensuelle : en sortant de l'utérus de notre mère par son vagin et en lui dévorant les seins. Le contact de sa peau et ses sourires sécrètent l'hormone de croissance en nous, et le lien de proximité à une troisième personne protectrice de notre union, le père, la compagne ou la grand-mère, permet le relâchement des angoisses et favorise l'allaitement et le développement. En fait, plus il y a intimité et proximité, plus il y a détente du corps, et donc métamorphose de soi. Se sentir en confiance et en confidence permet de s'ouvrir au monde, de se dépasser, de s'accueillir dans le lien à l'autre. Dans une relation sexuelle comme dans un accouchement, l'intimité est vitale : c'est dans cette étroitesse du lien entre soi et l'autre que peut éclore notre être entier. Ce besoin fondamental démarre dès le début du travail, et demeure important pendant tout le voyage : du besoin de silence profond au besoin de déployer des sons gutturaux, des techniques utilisées pour se soulager qui peuvent être des caresses sur les seins, des pressions dans le dos du compagnon ou de la compagne, des masturbations, des massages des reins, jusqu'à la position instinctive dans laquelle nous souhaitons accoucher – différente d'une femme à l'autre : à quatre pattes, suspendue, accroupie ou sur le côté… Et bien sûr, plus que jamais une fois que le bébé est sorti, le premier regard, la première odeur, la première peau qu'il rencontre doivent être ceux de ses parents. Même la sage-femme ne peut pas interférer dans cet instant magique, cette connexion d'amour essentielle. L'intime a quelque chose de précieux, de sacré. Comme une cérémonie secrète, il ne doit pas être entrecoupé ou rompu, au risque de briser le processus qui mène au rendez-vous entre les êtres, comme à l'intime métamorphose de soi.

Accoucher est un voyage chamanique

Pendant l'acte sexuel, le corps se transforme, s'alchimise avec l'autre, se connecte à une dimension plus grande, plus intense. Pendant l'accouchement, c'est le même processus de transformation. Il n'y a pas qu'un bébé qui arrive : celle qui accouche se voit naître aussi, sous une nouvelle forme. Ses rapports intimes à elle-même, à l'enfant, au couple et au monde sont modifiés.
Durant ce processus d'accouchement, elle vit une « transe » qui la conduit à accepter cet état pour avancer vers elle-même. En s'accouchant, elle va devoir franchir une étape de sa vie, et ce passage est équivalent à une mort. C'est un processus très organisé qui, comme un voyage chamanique, connecte avec la vie, mais aussi et surtout avec l'au-delà. Comme dans la sexualité, ce voyage vise à embrasser la totalité de soi et du monde, pour véritablement s'abandonner au divin et à son sort, en toute confiance. C'est une « petite mort » dans le cas de l'orgasme, une « fragmentation » dans le cas de l'accouchement, suivie d'une nouvelle vie : la sienne et celle de l'enfant. La naissance que nous avons vécue, le bébé que nous avons été, mais aussi la petite fille, la jeune fille, la femme et la vieille femme se réunissent en nous, à ce moment-là, par-delà temps et espace. Toutes les mémoires de nos cellules et de nos sensations inscrites en nous depuis notre arrivée sur Terre se réveillent. Mais il s'agit aussi des

mémoires de nos mères, grands-mères, arrière-grands-mères qui se présentent à cet instant. Cela fait extrêmement peur, c'est angoissant de mêler entités invisibles, émotions refoulées et réactions corporelles intenses. Ce corps qui bouge, se contracte, se décontracte, relâche du sang, des muqueuses, des urines, des eaux, des selles et des vomissements, nous révèle des facettes de nous-même jamais rencontrées auparavant... C'est une vraie confrontation de notre humanité et de notre animalité, tout en étant un processus normal qui doit être respecté dans toute sa dimension pour aller au bout du voyage.

LA PHYSIOLOGIE DE L'ACCOUCHEMENT

L'accouchement se décompose en trois phases distinctes : d'abord, il y a le début du travail provoqué par une augmentation des œstrogènes et une diminution de la progestérone. La montée des œstrogènes provoque, dans tout le corps, une forme d'extase. Le nombre de récepteurs utérins à l'ocytocine augmente.

Il est nécessaire, à ce moment-là, de préparer sa bulle de protection. L'intimité doit être respectée pour que le travail se mette en route favorablement, il n'y a ni téléphone, ni écran, ni horloge autour de nous : les interactions peuvent perturber ce cocon.

Le corps tremble, bouge, se prépare. Les contractions arrivent doucement, et par degrés. Il est nécessaire de trouver sa position intérieure, d'être dans la douceur et la tranquillité, pour laisser le travail se faire. C'est le moment de favoriser le lien à l'être aimé ou la personne de confiance présente avec soi, pour s'intérioriser.

Ensuite, la chute de progestérone se fait plus intense et va induire une phase de somnolence qui peut nous projeter dans un espace intemporel. L'obscurité est favorable à la préservation de ce moment. La clairvoyance (visions) et la clair-audience (sons) peuvent accompagner cette phase. C'est la phase la plus mystique, car elle permet au corps de se préparer au climax, appelé aussi la « désespérance ». À cet instant, c'est l'angoisse. Nous ne savons plus qui nous sommes, ce que nous voulons, ce que nous pouvons faire ou non, parce que la désespérance est un épuisement nécessaire pour que le bébé arrive. Nous pensons que nous n'y arriverons pas, que nous sommes nulle, incapable, et l'épuisement et la douleur sont tels que la prochaine étape est forcément « la mort » de notre mental. Nous perdons pied car d'ici trente à quarante minutes, nous serons « mère » physiquement, donc notre rôle se verra modifié, transformé, définitivement.

Même si la maternité commence dès la grossesse, le processus de rencontre avec l'enfant amène une nouvelle vie pour la personne qui accouche. Il n'y a rien que le mental et l'ego détestent plus que la transformation de l'être : ils ont besoin de stabilité, d'assurance, de pérennité pour continuer à régner. C'est pour cette raison que cette phase est difficile à vivre. La panique intérieure fait remonter nos vieux démons qui nous soufflent « tu n'y arriveras pas », « tu es nulle », « tu es incapable »…

Cette phase est très importante dans le processus initiatique de l'accouchement et il est nécessaire de le vivre naturellement pour prendre conscience de nos ombres. Malheureusement, dans les maternités, la péridurale anesthésie complètement ce bouleversement psychique et le réduit à néant. Pour Quantik Mama : « […] la plupart des professionnels qui y travaillent ont appris à vouloir « sauver » la femme qui désespère en lui offrant la solution magique de la péridurale. Mais la vérité c'est que la femme en phase de désespérance n'a pas besoin d'être sauvée. Elle a besoin qu'on lui dise tout simplement qu'elle le fait, que c'est normal, qu'elle peut y aller[1]. »

Mais bien que le corps sache faire, le mental a besoin d'être guidé dans cette traversée. Bien sûr, l'homme ou la femme, la mère ou l'amie peuvent être des guides incroyables, et c'est bien le rôle de la sage-femme (ou de la doula) de nous accompagner dans ce voyage. Comme une chamane, elle oriente le voyage. Elle est « celle qui sait » et qui invite à écouter notre propre nature en la regardant droit dans les yeux, sans la fuir. Voir ses peurs en face est la plus belle expérience au monde parce qu'elle renforce l'estime de soi. Beaucoup de femmes en maternité ne peuvent pas pénétrer dans cette forêt jusqu'au bout parce qu'elles ont reçu une anesthésie, alors qu'elles n'en désiraient pas à la base. Le problème est que si cette expérience est coupée alors qu'elle est nécessaire à vivre, elle peut être à l'origine d'une dépression post-partum. Le sentiment que l'accouchement a été « volé » peut prendre le dessus et laisser planer un doute inconsciemment sur soi, son savoir-faire, sa joie de vivre et sa créativité.

1. Karine La Quantik Mama, « La naissance te fragmentera et c'est une bonne chose », article posté le 12 décembre 2019, disponible sur le site www.quantikmama.com.

DE LA DOULEUR À L'EXTASE

Dans son ouvrage *Tu accoucheras dans l'extase*, Marie-Pierre Goumy décrit l'extase ainsi : « En extase, le corps ne ressent plus de limitation, c'est comme une association de multiples atomes, l'émotionnel n'existe plus. Seule la vie est – dans un état paisible et joyeux, dans un bien-être merveilleux[1]. » L'extase est un sentiment exquis qui ne peut survenir qu'après une rencontre. Rencontre avec soi d'abord, puis avec l'autre. Que ce soit dans l'acte sexuel comme dans l'accouchement, cette extase ne peut pas se présenter s'il n'y a pas eu dépassement de soi. Ressentir de la douleur est normal, encore une fois. Le corps se prépare, la mortée est progressive, et tout se met en place pour que le climax de l'intensité se vive au mieux. La douleur est une sensation qui s'accepte, se vit, se traverse : elle est normale, et fait partie de la vie. Dans n'importe quelle expérience difficile nous pouvons noter que plus nous refusons la douleur, plus elle s'impose à nous. À l'inverse, plus nous l'acceptons et plus elle fait place à l'extase, qui pourrait être l'étape qui la chevauche et la transcende.

1. Marie-Pierre Goumy, *Tu accoucheras dans l'extase*, Mama Éditions, Paris, 2021, p. 65.

LA DOULEUR ET L'EXTASE PENDANT L'AMOUR ET L'ACCOUCHEMENT

Dans un échange sexuel, si la confiance, le consentement et le respect sont présents, la douleur peut devenir un vrai plaisir, simplement parce qu'elle est aussi le moment où se libèrent les endorphines, cette morphine naturelle qui permet de se dépasser physiquement et émotionnellement. Ces hormones sont présentes pour nous permettre de passer un cap, une étape importante qui vise à élargir notre vision de nous-même. Si celle-ci est vécue dans une totale disponibilité et conscience de soi, alors, cette expérience marquera notre existence pour toujours.

Quoi qu'il en soit, la douleur a, dans l'acte d'enfanter, le même rôle que dans n'importe quel rite de passage : elle est initiatique. Lorsque nous y réfléchissons, dans la vie, c'est identique : ce sont les moments les plus intenses qui nous ont permis de devenir qui nous sommes, et de nous détacher de nos anciennes peaux. Le deuil, la perte, la maladie, la ruine, la dépression ou le *burn out*… Autant d'expériences qui font peur parce qu'elles mettent en péril notre construction personnelle, sociale, culturelle, mais qui pourtant, chaque fois que nous en avons fait l'expérimentation, nous ont métamorphosée dans notre rapport à nous-même et au monde.

La douleur fait bouger la structure des croyances limitatives, elle nous permet d'aller voir ce qui n'a pas été réglé, parce qu'elle renvoie toujours à des émotions refoulées. Elle nous offre un regard juste et vrai sur nous-même, sans fard, ni artifice. Elle peut réveiller en nous de la colère et un sentiment d'injustice car elle vise nos tristesses enfouies, les plus intimes, et tout ce que nous n'arrivons pas à nous avouer à nous-même. Elle peut réveiller les vieux traumatismes, les violences subies ou les agressions non verbalisées comme les peines secrètes, les pertes et les blessures toujours à vif. Elle vient toujours « dire » quelque chose. Savoir où nous en sommes avec elle est la chose la plus importante avant d'accoucher. Il n'est question ni de la nier, ni de la diaboliser : il faut la regarder en face. Si elle nous fait peur, il est nécessaire de comprendre pourquoi. Bien sûr, personne n'aime avoir mal, mais dans notre culture, nous sommes tellement éduqué.es à cacher, camoufler et anesthésier la douleur, qu'il est impossible d'imaginer qu'elle puisse être une enseignante. L'idée qu'une douleur a une juste place dans notre vie et notre corps semble tellement absurde qu'il en devient plus logique de se faire découper le périnée, trancher le ventre ou enfoncer une aiguille dans les lombaires pour éviter sa rencontre. Elle nous met face à nous-même et c'est pourquoi, si un travail sur soi n'a pas été fait avant l'accouchement, la douleur peut devenir souffrance. Son statut change, elle devient invivable, voire insurmontable. Cette douleur-là n'est pas vécue en conscience mais subie. La souffrance est un sentiment qui peut être vécu comme un supplice parce qu'il induit que nous ne pouvons rien faire, que nous ne sommes plus connectée à notre corps et que nous nous trouvons totalement impuissante face à son sort. C'est le sentiment le plus terrible car, à ce stade, l'intervention extérieure renforce ce sentiment de dépossession de soi qui, comme un viol, bouleversera notre rapport à nous-même. La douleur, elle, nous accompagne, nous guide vers la lumière. Le moment où elle bascule en extase est une expérience spirituelle si intense qu'elle nous transfigure. Contrairement à la douleur qui est passagère, l'extase, elle, dure et s'installe dans nos cellules pour ne plus nous lâcher ensuite. Sa caractéristique est qu'elle impose une confiance en soi si souveraine, que le sentiment d'être capable de « tout créer » restaure l'ensemble de l'organisme.

Choisir l'intimité de chez soi

UN CHOIX EN CONNAISSANCE DE CAUSE

Choisir d'accoucher chez soi est la meilleure manière de vivre ce voyage en conscience, et dans le respect de sa propre nature. La maison est un espace protégé, ne serait-ce que par nos propres bactéries qui défendent leur territoire, et la présence de notre odeur, qui rassure notre néocortex pendant ce voyage dans les profondeurs de notre animalité. Penser que l'AAD (accouchement à domicile) est un acte irresponsable et que les personnes qui le pratiquent sont inconscientes revient à infantiliser les femmes. C'est mal connaître la physiologie de l'accouchement et encore plus le métier de sage-femme libérale qui est très exigeant, consciencieux et humain. Il faut savoir déjà, que si le moindre doute plane, si la grossesse n'est pas vraiment détendue, ou qu'une hésitation s'installe, la sage-femme, comme la chamane qui « sait », ne prendra certainement pas le risque de nous suivre. Il faut donc avoir vécu une grossesse en pleine santé, mais surtout être en accord avec ce choix, qui ne provient que du cœur et des tripes. Ce choix peut être motivé par une expérience désastreuse à l'hôpital ou par une conviction spirituelle, un choix éthique et écologique... Peu importe, c'est un choix qui ne regarde que nous. Il ne peut pas se faire si la motivation principale est portée par une volonté de prouver quoi que ce soit : ce n'est pas une démonstration performative, ni un combat politique. C'est un désir de simplicité et de liberté profonde, et surtout c'est un droit. Le seul détail qui dérange la société de consommation dans laquelle nous vivons, c'est qu'il ne concerne pas toutes les femmes : pourquoi donc laisser une poignée d'illuminées s'y livrer, alors que la plupart des femmes tiennent à être médicalisées ? C'est justement ce pourquoi ce choix devrait être respecté : parce qu'aucune femme n'est la même, ni dans la société, ni dans une famille, et ni même, au fil du temps, dans son propre corps ! « LA » femme n'existe pas, et même au cours de ses expériences, elle peut avoir envie de changer ses habitudes et ses repères. C'est aussi ça, l'émancipation.

En 2018[1], l'AAD ne concernait que 0,3 % des femmes mais depuis le début de la crise sanitaire et la monopolisation des hôpitaux, les demandes explosent. Au-delà des peurs de contracter le virus sur place, ce sont surtout les restrictions hospitalières qu'il faut souligner : l'obligation du port du masque pendant la phase de travail et l'interdiction du conjoint, de la

1. Ces chiffres sont issus du rapport de 2018 de l'Association professionnelle de l'accouchement accompagné à domicile, disponibles sur le site www.apaad.fr.

partenaire ou d'une doula pendant l'accouchement, ont fini de convaincre certaines femmes d'accoucher chez elles[1].

Dans d'autres pays d'Europe, notamment aux Pays-Bas ou en Angleterre, l'accouchement à domicile est beaucoup moins marginal qu'en France. Chez nous, les sages-femmes subissent une véritable chasse aux sorcières si elles accompagnent une femme enceinte à la maison : assurance hors de prix, suspension d'exercice, voire enfermement à la moindre suspicion, climat hostile avec opposition des équipes médicales, délation, menaces... Autant de violences à l'égard des sages-femmes que des femmes qui accouchent. Finalement, les femmes qui n'ont pas droit à ce type d'accompagnement parce qu'elles ne trouvent pas de sages-femmes sont contraintes d'accoucher à l'hôpital, et celles qui ne peuvent réellement pas y mettre les pieds choisissent d'accoucher chez elles, sans assistance. Une femme sait le faire instinctivement. Elle sait également reconnaître ce qu'elle peut ou non endurer.

LA CONFIANCE EN SOI

Le problème de la surmédicalisation des naissances prend avant tout racine dans la peur viscérale et culturelle de la mort. Nous avons beau savoir que la mort fait partie de la vie, nous ne pouvons pas nous empêcher de vouloir l'éloigner. Quand elle a décidé d'être présente, elle a cependant sa place, et

1. Selon le collectif Tou.te.s contre les violences obstétricales, depuis le début de la crise sanitaire, 11 % des femmes ont accouché sans leur conjoint et face à des soignants inconnus et 46 % d'entre elles ont été obligées d'accoucher avec un masque. À cela s'ajoute une augmentation des déclenchements et des violences obstétricales due à la situation d'urgence et au manque de moyens.

fait partie des cycles de la vie. Bien sûr, l'hôpital peut prévenir la mort, empêcher certaines situations de tourner au drame, mais à quel prix ? Les violences obstétricales sont bien pires que la mort : elles sont morbides, car pratiquées en masse, quotidiennes et conventionnelles. Combien de fois ai-je entendu : « Heureusement que j'ai accouché à l'hôpital ! Mon bébé ne respirait plus et le médecin l'a sauvé. » Il arrive que l'hôpital soit nécessaire lors de complications de santé, mais dans de nombreux cas, c'est l'environnement stressant de l'hôpital qui crée les complications quand il n'y en a pas à la base. Pour accoucher à la maison, il faut de la confiance avant tout : confiance en son corps, confiance en son couple, confiance en son bébé, mais surtout confiance en la vie.

LA DÉCONSTRUCTION MENTALE

Une naissance à la maison a besoin d'un peu de déconstruction mentale pour pouvoir bien se dérouler. La première déconstruction concerne l'idée suivant laquelle l'accouchement à la maison est plus risqué qu'à l'hôpital. C'est l'inverse : dans 80 % des cas, il n'y a pas besoin de transfert à l'hôpital. Les conditions optimales de sécurité, de protection, d'intimité et de liberté que procure la maison permettent d'évincer les complications courantes de l'hôpital (ralentissement du travail dû au bruit, à la lumière, interventions sur le corps, impossibilité de bouger, de boire, de manger ou d'être accompagnée…). La plupart des femmes qui pratiquent l'AAD n'habitent jamais à plus de vingt minutes d'un hôpital : les sages-femmes sont attentives sur ce point. Si la vie du bébé est en jeu, le transfert peut être imminent, et l'hôpital remplira la fonction médicale qu'on lui demande. En revanche, à l'inverse, si les complications sont provoquées par l'hôpital, il est impossible de revenir en arrière pour trouver du calme et de la protection. Il vaut mieux partir du fait que tout va bien se passer – car c'est très souvent le cas à la maison – plutôt que nourrir un stress inutile qui va bouleverser tout le processus de travail.

Les préparations pendant la grossesse

HAPTONOMIE, CHANT ET YOGA

Ensuite, la naissance physiologique a besoin d'un peu de préparation psychocorporelle. L'haptonomie, le yoga, le chant prénatal, ou encore la sophrologie et l'hypnose sont de très bonnes préparations.

L'haptonomie est la seule préparation qui inclut la deuxième personne du couple dans la relation à l'enfant. Elle permet de donner au père ou à la compagne sa place dans la grossesse et de créer une trinité complice. C'est un rendez-vous qui permet de communiquer avec le bébé : lui parler, l'inviter

à répondre, à se déplacer, jouer avec lui à travers la peau... Grâce à cet accompagnement, les pères et les compagnes sont moins spectateurs ou spectatrices des étapes de la grossesse, mais surtout de l'accouchement : ils ou elles sont à la fois présent.es et acteurs et actrices conscient.es. Ils et elles ont une place, un avis, des émotions à partager, ce qui change complètement le lien qui unit la famille. Certains disent qu'il est préférable de choisir entre l'haptonomie et le yoga parce qu'ils n'ont pas le même objectif (l'un est orienté vers le lien au bébé, l'autre vers le lien à son propre corps) mais il est possible de faire les deux car ils sont tout à fait compatibles et même complémentaires.
Le yoga prénatal permet de se connecter à son propre corps. À mon sens c'est en étant connectée à soi que l'on peut se connecter à son bébé. Le yoga permet de travailler le souffle, les postures, la méditation et de fluidifier les énergies en soi pour un mieux-être. Le yoga prénatal est très doux, par rapport à d'autres yogas plus dynamiques, mais ce n'est pas parce que les postures sont lentes et calmes que les mouvements ne sont pas profonds. Ces exercices peuvent permettre au corps de se détendre, et donc de relâcher certaines pressions, ce qui peut amener des surprises si des émotions ont été refoulées. Avec le yoga, il y a aussi la possibilité de travailler avec les sons, comme avec le chant prénatal.
Le chant prénatal offre une vibration sonore qui permet de se connecter à la fois à son corps et à son bébé. Grâce aux fréquences véhiculées par le liquide amniotique, le chant berce, rassure et guide. Ce son canalise l'énergie du corps et durant l'accouchement, il permet d'évacuer les tensions et de diriger l'émotion de celle qui accouche. C'est un très bon outil pour accompagner la douleur, simplement parce qu'à chaque contraction, le son expulse la force intérieure qui entrave le

corps. Le sentiment de la repousser hors de soi permet de mieux la vivre. Le chant peut être travaillé pendant toute la grossesse mais le jour de l'accouchement, il faut savoir que les hormones modifient complètement la voix, qui devient plus caverneuse. Le chant peut se transformer en gémissements, en vibrations gutturales ou même en cris d'animaux sauvages.

Les visualisations positives

Grâce à une approche sophrologique, l'accouchement peut être vécu par sa voie chamanique car ce genre de techniques stimule l'imagination. Ainsi grâce à la visualisation positive, il est possible de s'autodiriger sur un chemin intérieur favorisant la détente. Il est possible aussi de s'en servir pour « voir » ce que nous aimerions voir, pendant cette expérience. Par exemple, en visualisant notre bébé sortant d'entre nos jambes, surtout sur la fin de la grossesse, et en répétant cette image en soi, il est plus que probable de la vivre dans la réalité, de façon incarnée. En effet, visualiser permet de poser une intention sur la matière que la sensibilité de la grossesse va pousser à réaliser, puisque c'est son objectif: mettre au monde. C'est pour cela que le corps a besoin de projections positives : l'accouchement étant complètement relié à la Lune et au monde de l'intériorité, de la nuit, des ombres et des profondeurs de soi, si les angoisses prennent le dessus, l'imagination nourrira volontiers tout ce que nous lui fournirons. Si nous visualisons la position de l'accouchement, la joie, les cris, l'amour, le corps qui s'ouvre, le bébé qui glisse entre nos jambes, alors nous le vivrons ainsi. Tout le temps de la préparation est important : la piscine d'accouchement, la musique, certaines huiles essentielles, la lumière tamisée, le tambour, la préparation d'un petit autel décoré à sa guise... et tellement d'éléments créatifs peuvent être le moteur d'un beau rituel d'enfantement chez soi. Il ne faut

· LE COURONNEMENT DU BÉBÉ ·

pas oublier que c'est une grande fête, un jour de rencontre, un anniversaire qui sera fêté toute la vie de l'enfant. Chaque fois que nous célébrons un anniversaire, nous célébrons l'accouchement d'une femme. C'est dans cette vision aussi que ce rituel se prépare : il marque le couronnement d'un être.

· RITUEL REBOZO ·

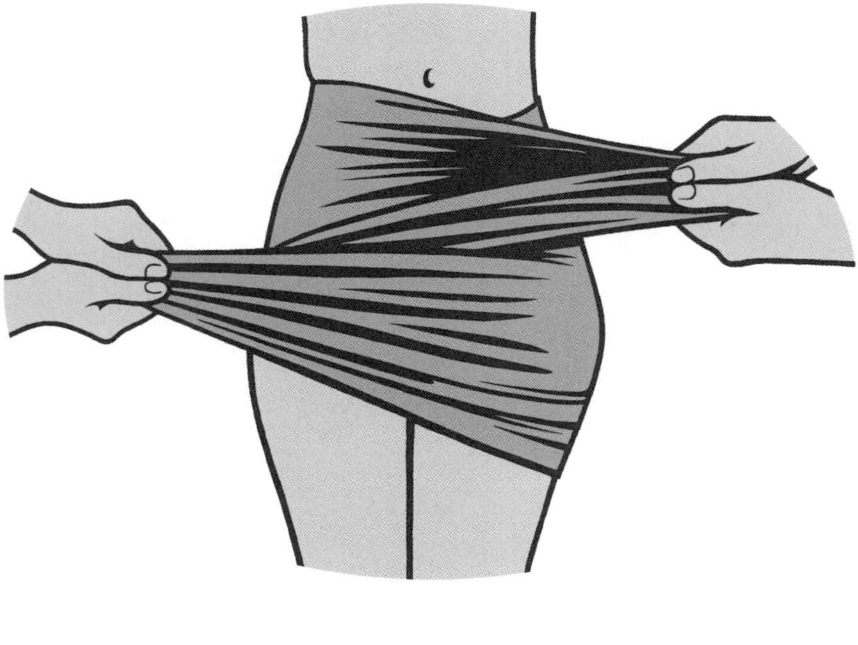

LE RITUEL DE SOIN REBOZO

Resserrer son bassin après un accouchement est une technique ancestrale que de nombreuses femmes utilisent dans des cultures d'Asie, d'Amérique du Sud et d'Afrique. Le « rebozo » est le nom d'un solide châle mexicain, tissé d'une manière spécifique pour que les femmes puissent le nouer autour de leur bassin pendant la grossesse, après avoir enfanté et pour porter leur bébé. C'est également le nom d'un rituel pratiqué par deux femmes sur une autre femme, quarante jours après l'enfantement et suivant un protocole bien précis. Il vise à prendre soin de la personne qui vient d'accoucher, mais peut aussi être réalisé pour accompagner celle qui a traversé une étape importante de sa vie (un deuil, une fausse couche, un mariage, une ménopause, un changement de carrière…). Il resserre le corps sur des points essentiels, agit sur le physique et réaligne le mental et l'émotionnel. Ce soin holistique permet à la femme de se sentir enveloppée… comme un bébé.
Après avoir posé l'intention du rituel, un massage à l'huile est donné par les deux accompagnatrices, puis un bain chaud aux plantes, suivi d'une sudation sous couvertures. Enfin, l'enveloppement au foulard se fait en sept points sur le corps : la tête, les épaules, le ventre, le bassin, les cuisses, les genoux et enfin les pieds. C'est la femme qui reçoit le soin qui indique l'intensité du serrage désiré pour chacun des sept points et selon le ressenti de l'instant.

CONCLUSION

La physiologie féminine est une mine de connaissances pour soi et pour le monde lorsque nous apprenons à la considérer comme telle. Pas seulement si nous nous définissons comme « femme », pas seulement si nous possédons un appareillage biologique féminin, mais bien parce que nous venons toutes et tous de ce corps, de cette physiologie façonnée par les émotions, les expressions diverses, et les croyances. Le corps féminin est notre premier foyer. Se couper de lui simplement parce que nous le percevons comme une faiblesse, est une blessure à la fois pour notre intimité, et pour l'écologie personnelle et collective.

Plonger dans l'exploration de son propre corps pour se comprendre, se nommer et se vivre pleinement, sans artifices, sans interface extérieure, avec ses forces et ses faiblesses, ses rythmes et ses cadences est une véritable réconciliation avec la vie. La complexité du corps féminin n'est pas un mystère, mais bien une exploration individuelle, une quête initiatique, personnelle et nourrissante, qui nous enseigne et nous transmet beaucoup, plus que nous croyons.

Notre corps est si intelligent, qu'il sait faire : que ce soit dans les « mots » qui disent la maladie, ou dans la puissance et la subtilité de nos hormones. Sa créativité est si puissante qu'elle nous connecte à des états émotionnels nourriciers, profondément transformateurs. Enfin, quand sa réalité matérielle est respectée dans son entière vérité, conscientisée et acceptée, elle devient un portail spirituel. Plus nous laissons à notre chair la place de s'exprimer, plus nous vivons libres et autonomes, sans nous infliger des intrusions et blessures dont nous avons toutes fait l'expérience dans nos vies.

La vie physiologique d'une femme est complètement liée à ses sentiments, ses désirs et son bien-être, et se voit affectée à partir du moment où elle est compartimentée, mécanisée et médicalisée. Nos corps ne peuvent pas être coupés de l'ensemble de ce que nous sommes : de la fécondation à la naissance, de l'enfance à la mort, mais aussi de nos ancêtres à nos futurs petits-enfants, la vie n'est que cycles. Tout n'est que rythme, saisons, battements de cœur.

Découpant nos corps pour en séparer vie sexuelle, vie maternelle et vie professionnelle, nous nous coupons de la vie alors qu'elle est inscrite en nous, de façon physiologique. Bien sûr, la vie d'un corps féminin grandit avec des idées précises dont il est difficile de se défaire, mais si, au lieu de nous plier au monde extérieur, nous commencions plutôt par comprendre les règles de notre monde intérieur ? Celles de « ce » corps, bien à soi et à personne d'autre, qui n'a peut-être pas les mêmes cycles que celui de sa copine, ni les mêmes envies que celui de sa voisine ou la même morphologie que celui de sa mère, mais qui vibre d'un héritage familial et expérientiel dont il a tout à gagner à lui donner du sens ? Trop d'injonctions ont rendu ce corps « sale », dégoûtant » ou « impur », et c'est bien ces mêmes commandements qui conditionnent l'esprit à se couper du corps. Plus nous nous séparons de la source de notre incarnation, plus nous oublions qui nous sommes, et pourquoi nous aimons vivre. Alors foutons-nous la paix et acceptons nos ombres, pour enfin vivre entière.

Parce qu'en foutant la paix à nos corps, nous élevons nos enfants au-dessus des conditionnements sociaux liés à leur sexe et à leur genre, mais aussi et surtout, parce qu'une femme qui s'aime aime toutes les autres.

Remerciements

Je remercie le corps des femmes de ma lignée pour leur accueil et leur amour.
Merci à toutes les femmes que j'ai rencontré et à toutes celles qui sortent des rangs.
Merci à toutes mes amies travailleuses du sexe que j'admire tant et aux sages-femmes de ce monde qui accompagnent à la maison.
Je remercie chaleureusement Marie Bardou, mon amie doula pour ses relectures et Michèle Larue, pour m'avoir proposé de réaliser ce manuel et pour l'avoir guidé jusqu'à sa fin.

BIBLIOGRAPHIE

Ancelin Schützenberger Anne, *Aïe mes aïeux !, Liens transgénérationnels, secrets de famille, syndrome d'anniversaire, transmission des traumatismes et pratique du génosociogramme*, éditions Desclée de Brouwer, 1988.

Ancelin Schützenberger Anne, *Psychogénéalogie, guérir les blessures familiales et se retrouver soi*, éditions Payot, 2012.

Apfel Alana, *Donner naissance : doulas, sages-femmes & justice reproductive*, éditions Cambourakis, coll. « Sorcières », 2017.

Butler Judith, *Trouble dans le genre, le féminisme et la subversion de l'identité*, éditions La Découverte, coll. « Poche », 2005.

Enning Cornelia, *Le Placenta, rituels et usages thérapeutiques*, éditions du Hêtre Myriadis, 2010.

Ehrenreich Barbara & English Deirdre, *Fragiles ou contagieuses, le pouvoir médical et le corps des femmes*, éditions Cambourakis, 2016.

Gimbutas Marija, *Le Langage de la déesse*, éditions Des femmes - Antoinette Fouque, 2006.

Holland Julie, *Nos humeurs de chiennes : sexe, hormones, sommeil, médicaments… La vérité sur tout ce qui nous rend dingues !*, éditions Robert Lafond, coll. « Réponses », 2016.

Lacey Louise, *Lunaception : du corps, des femmes, de la contraception*, éditions l'Étincelle, coll. « La Nouvelle Médecine », 1984.

Goumy Marie-Pierre, *Tu accoucheras dans l'extase*, Mama éditions, 2021.

Gray Miranda, *Lune Rouge, les forces du cycle féminin*, Macro éditions, coll. « Le Jardin d'Ève », 2020.

Huc Hélène & Dirtystein AJ, *Le Tarot de l'Unité, une voie alchimique vers la réconciliation du Masculin et du Féminin*, Tana éditions, 2020.

Janssen Thierry, *La maladie a-t-elle un sens ? Enquête au-delà des croyances*, éditions Pocket, 2010.

Jodorowsky Alejandro & Costa Marianne, *La Famille, un trésor, un piège : métagénéalogie, comment guérir de sa famille*, éditions Albin Michel, 2011.

Nissim Rina, *Une Sorcière des temps moderne, le self-help et le mouvement femmes et santé*, éditions Mamamélis, 2014.

Nissim Rina, *La Sexualité des femmes racontée aux jeunes et aux moins jeunes*, éditions Mamamélis, 2005.

Odent Michel, *Fonctions des orgasmes : l'origine de l'amour en question*, éditions Jouvence, 2010.
Odoul Michel, *Dis moi où tu as mal, le lexique*, éditions Albin Michel, 2003.
Ohlig Adelheid, *Luna Yoga*, éditions Mamamélis, 2013.
Piquard Jean-Claude, *La Fabuleuse Histoire du clitoris*, éditions H&O, 2013.
Preciado Paul. B., *Testo Junkie : sexe, drogue et biopolitique*, éditions Grasset & Fasquelle, 2008.
Rubin Gayle, *Surveiller et jouir, anthropologie politique du sexe*, éditions Epel, 2010.
Souzenelle (de) Annick, *Le Symbolisme du corps humain*, éditions Albin Michel, coll. « Espaces libres », 2016.
Souzenelle (de) Annick, *Le Féminin de l'Être, pour en finir avec la côte d'Adam*, éditions Albin Michel, 1997.
Starhawk, *Rêver l'obscur : femmes, magie et politique*, éditions Cambourakis, 2015.
Sundahl Deborah, *Le Guide Tabou du Point G et de l'éjaculation féminine*, Tabou éditions, 2019.
Thiébaut Élise, *Ceci est mon sang, petite histoire des règles, de celles qui les ont et de ceux qui les font*, éditions La Découverte, 2017.
Trélaün Maïtie, *J'accouche bientôt, que faire de la douleur ?*, éditions Le Souffle d'Or, 2012.
Trélaün Maïtie, *Les trésors du cycle de la femme, s'épanouir avec ses énergies*, éditions Jouvence, 2014.
Trinh Thi Coralie, *Osez la sodomie*, éditions la Musardine, 2017.
Uvnäs Moberg Kerstin, *Ocytocine : l'hormone de l'amour*, éditions Le Souffle d'Or, 2015.
Winckler Martin, *Tout ce que vous avez toujours voulu savoir sur les règles sans jamais avoir osé le demander*, édition Fleurus, coll. « La santé en question », 2008.
Winckler Martin, *C'est mon corps, toutes les questions que se posent les femmes sur leur santé*, éditions L'Iconoclaste, 2020.

Dépôt légal : septembre 2021 N° imprimeur : 092170096

Imprimé en France par Présence Graphique - Monts.